Vorwort

Das **Hamburgische Museum für Geschichte** zeigte im Jahr 2005 die Ausstellung „**Kriegsende in Hamburg**" als Erinnerung zum sechzigsten Jahrestag des im Mai 1945 beendeten Zweiten Weltkrieges mit Bezug auf Erlebnisse von Zeitzeugen.

Einer hiervon war der **Autor HANS KÜHN** über den die hier gezeigten Ausschnitte von Veröffentlichungen berichten. Er war mit einem Einberufungsalter von 14 Jahren einer der jüngsten Flak-/Luftwaffenhelfer. Er wurde in einer der exponiertesten Flugabwehrstellung Hamburgs eingesetzt. Das vorliegende Buch führt die Erlebnisse dort und weitere bis in die Nachkriegszeit weiter aus, unter anderem auch unter Einbezug solcher aus dem persönlichen Umfeld als kleinen Beitrag zur Zeit und Lebensgeschichte von damals.

Buch und Pressenotizen

Nationalsozialismus und Krieg

Flugabwehrstellung auf der Süderelbbrücke bei Harburg kurz vor Kriegsende
Foto: Privatbesitz/Hans Kühn

In aussichtsloser Lage – die Bomberverbände der Alliierten warteten bereits vor den Toren der Stadt auf ihren Einsatzbefehl – warfen die nationalsozialistischen Machthaber ihre letzten Reserven in den Kampf. Der Volkssturm, dem zu folgen Hitlers bedingungsloser Vasall Martin Bormann im Februar 1945 sogar die Frauen und Mädchen aufforderte, war natürlich für jegliche Abwehrleistung völlig unbrauchbar. Dasselbe galt für den Einsatz der Hitlerjungen, die bevorzugt als Luftwaffenhelfer „verheizt" wurden. Auch die Geschützbedienungsmannschaft auf dem Brückenbogen der Süderelbbrücke wurde bald von Luftwaffenhelfern abgelöst, von denen viele, wie der 14jährige Hans Kühn (ganz rechts), noch Kinder waren.

Der Auftrag der Männer lautete, den strategisch wichtigen Elbübergang vor Luftangriffen zu schützen – eine Illusion angesichts der Übermacht britischer und amerikanischer Bomber.

Die meisten der sehr jungen Helfer an der Flugabwehrkanone (Flak) mußten nicht einmal gezwungen werden sich für die oft tödliche Aufgabe zu melden: Durch die subtile nationalsozialistische Erziehung waren sie darauf programmiert, dem „Führer" auch unaufgefordert bedingungslos zu folgen. Begriffe wie Männlichkeit, Ehre und Treue, die vom Regime rücksichtslos instrumentalisiert wurden, hatten die Jugendlichen so weit verinnerlicht, daß sie sich ihnen nicht entziehen konnten.

Hans Kühn, von dem das Foto stammt, hat erlebt, warum sich ganze Klassen geschlossen zum Einsatz meldeten: „Dafür gab es abseits von der ideologischen Programmierung Gründe. Wegen der zunehmenden Bombenangriffe auf die Großstädte waren die Schüler für längere Zeit evakuiert worden. Das Gemeinschaftserlebnis hat sie zusammengeschweißt, so daß bei Klassen, die zurückgeführt wurden, um als Luftwaffenhelfer zu dienen, kaum einer ausscherte. Wenn die Jungen dann noch erfuhren, daß nahe Familienangehörige bei Bombenangriffen ums Leben gekommen waren, bot ihnen die Klassengemeinschaft oft den einzigen Halt."

„Hamburg Archiv", Archiv Verlag Braunschweig, 2005

BILD Hamburg, 28. April 2005

Kriegsende in Hamburg
Eine Stadt erinnert sich

Herausgegeben von Ortwin Pelc

Von den in der Stadt stationierten Flugabwehrstellungen lagen zwei der exponiertesten auf den Brückenbögen der Süderelbbrücke bei Harburg, um diesen wichtigen Elbübergang vor Luftangriffen zu schützen. Die Bedienungsmannschaft bestand aus Luftwaffenhelfern, von denen zum Beispiel Hans Kühn (zweiter von links) erst 15 Jahre alt war.

Aus den Erfahrungen und den vergangenen Monaten war uns inzwischen klar geworden, dass es bei Verwundungen unsererseits kaum, geschweige denn in gebotener Eile, eine Möglichkeit gab, den Verletzten wegzuschaffen. Weder der Weg hinab über den Brückenbogen und durch den steilen engen Tunnelschacht noch das Abseilen mit unserer Winde – sie war hierfür überhaupt nicht ausgelegt – waren realistische Lösungen. Offensichtlich war diese Möglichkeit bei der Planung des Geschützstandes nicht überlegt worden.

„Kriegsende in Hamburg", Ellert & Richter Verlag Hamburg

Verbotene Lektüre

Noch vor vollständiger Aufhebung des Alarms mußten alle, die entbehrlich waren, zum Flugblättereinsammeln, damit sie nicht in die Hände der Bevölkerung gerieten. Der Besitz und die Verbreitung von aus feindlichen Flugzeugen abgeworfenen Flugblättern war unter Androhung hoher Strafen für alle verboten. Diese Flugblattabwürfe kamen immer häufiger vor. So mußten wir, statt uns schlafen zu legen, von der Brücke runter und die Umgebung absuchen. Dies einerseits zu unserem Mißvergnügen, andererseits zur Befriedigung unserer Neugier. Diese Flugblätter berichteten detailliert über Vorgänge, die uns sonst nicht erreichten. So zum Beispiel Details vom Kriegsgeschehen an der Ostfront. Über Erfolge der Luftangriffe auf die deutschen Städte. Allerdings nicht über die zerstörten zivilen Objekte und die zivilen Opfer, aber sehr genau zum Beispiel über in Hamburg getroffene Industrieobjekte und die angerichteten Schäden im einzelnen, die für die Anwohner kontrollierbar waren und die zum Beispiel bei einem Angriff tags zuvor erst verursacht worden waren. Der englische Spionagedienst klappte offenbar vorzüglich.

Der 15jährige **Hans Kühn** *war als Luftwaffenhelfer in der Flugabwehrbatterie auf den Süderelbbrücken eingesetzt.*

Hamburger Abendblatt, S.3, 23./24. April 2005

Anmerkung

Die nachfolgenden Erinnerungen geben persönliche Erlebnisse, Begebenheiten und Beobachtungen wieder aus dem Dienst als Flak-/ Luftwaffenhelfer, unter anderem in einer der am meisten gefährdeten Stellung der Flugabwehr, und als „Zivilist" in den ersten Nachkriegsjahren. Es sind dabei keine Bewertungen von Verhaltensweisen von Personen beabsichtigt, sondern nur ihre unterschiedlichen Reaktionen als Antwort auf Geschehnisse geschildert, mit denen alle sich auseinander zusetzen hatten. Daher sind die Namen der an den einzelnen Geschehnissen beteiligten Personen auch nicht von Interesse und sie nur abgekürzt und teils geändert angegeben.

Hans Kühn, Hamburg

400 Tage zwischen Himmel und Erde

Inhalt

- **Kriegsdienst 1944-1945**
- - Einberufung und Ausbildung — 10
- - Die Stationierung - Der Schock — 16
- - Die Brücke - Wohnen und Leben auf Brückenbögen — 17
- - Tagesablauf nach Dienstplan und einige Regeln — 21
- - Die Gewöhnung an die bedrohliche Wirklichkeit — 23
- - Die Konfirmation — 25
- - 20. Juni 1944 - Keine Rettung — 27
- - Flugzeugabschuss und sonstige Begebenheiten — 29
- - Ein unglaublicher Angriff mit Nebenwirkungen — 33
- - Ein Unglück — 38
- - Luftwaffenhelfer sind Partisanen - Die Lösung — 39
- - 25. Oktober 1944 - Wir leben noch! — 40
- - Probleme — 48
- - 11. und 12. November 1944 - Schlimme Zufälle — 50
- - Sperrfeuer - Das Risiko — 52
- - Flugblätter — 54
- - Nahkampf - Lehrgang in Dänemark — 55
- - Bestätigung der Flaktätigkeit - Die Musterung — 56
- - Der Schulabschluss — 59

- - Ein Phantom in der Luft   62
- - Vorbereitung zur Sprengung der Brücke   63
- - Die Autobahnbrücke - Anmarsch mit Glück   65
- - Karfreitag 1945 - Zeitzünderbomben oder nicht?   68
- - 20 April 1945 - Stellungswechsel zur Großbatterie Neuland
  - Lebend davongekommen -   70
- - Vorschrift ist Vorschrift   77
- - Marschbefehl gen Osten   80
- - Ab nach Hause unter Schwierigkeiten - Das Kriegsende   86

- **Nachkriegszeit 1945-1948**

  und etwas länger

- - Kriegsende in Hamburg   93
- - Erste Kontakte mit den Engländern   94
- - Nachkriegsalltag - Schwarze Märkte   96
- - Brennmaterial zum Kochen   98
- - Kaum Frischgemüse und Obst   100
- - Es wird wieder gearbeitet, gelernt und studiert   102
- - Energiemangel   106
- - Kohlenklau - Die Möglichkeiten und Auswüchse   107

- - Ende der gröbsten Nachkriegszeit 110
- - Lebensverhältnisse **111**
- **- Bild- und Anlagenteil Kapitel I** **115**
- **- Bild- und Anlagenteil Kapitel II** 139

KAPITEL I

Kriegsdienst 1944-1945

Einberufung und Ausbildung

Unsere Klasse 0 V der Schule Breitenfelderstraße in Hamburg-Eppendorf war im November 1943 aus der Kinder-Landverschickung, KLV, (Evakuierung der Kinder vor dem Bombenkrieg) aus Südungarn zurückgekommen, wo wir bei Auslanddeutschen in Bacsordas in der Bacska untergebracht worden waren. Ich hielt mich gerade in Oberfranken auf, wohin meine Mutter und meine Brüder evakuiert worden waren, als mir mein Schulfreund D.M. schrieb, dass unsere Schulklasse - Jahrgänge 1927 und 1928 und einige jüngere von 1929 wie ich - geschlossen zur Flak eingezogen werden. Alle seien bereits gemustert worden. Ich solle mich am 5. Januar 1944 um 7.00 Uhr in der Schule Schottmüllerstraße in Eppendorf zur Rekrutierung einfinden, was geschah, weil ich mit ihnen zusammenbleiben wollte. Waren doch meine besten Freunde in Hamburg nicht mehr da. Denn in unserer kleinen Nebenstraße standen zwar auf unserer Seite noch die meisten Häuser mit nur geringen Schäden. Sie waren nicht von Spreng-, sondern nur von Phosphor - Stabbrandbomben getroffen worden. Die auf den Dachböden entfachten Brände konnten von beherzten Hausbewohnern noch vor ihrer Ausbreitung gelöscht werden. Auf der anderen Seite, wo meine Freunde gelebt hatten, waren nur Trümmer. Das galt auch für die dort im Hinterhof gelegenen Häuser, in deren Kellern noch Leute „hausten", die davongekommen waren. Hierher zog es niemanden. Auch war unsere Wohnung mit allem Inventar von Ausgebombten „besetzt" Sie war für uns nicht mehr verfügbar. Ein Besuch meiner Schule in Hamburg wäre auch nicht möglich gewesen. Meine

Klasse bestand wegen ihrer Einberufung dort nicht mehr. Außerdem hatte ich es regelrecht satt, den für mich aus Evakuierungsgründen so häufigen Schul-/Klassenwechsel in den vergangenen drei Jahren mit dem sich daraus ergebenden Ausbildungsrückstand und der anschließenden Aufholjagd zu seinem Ausgleich fortzusetzen. Ich wollte daher lieber mit „meinen Leuten" zur Flak, denn hier sollte unser gemeinsamer Schulunterricht wie zuvor weitergeführt werden Über die Folgen daraus war ich mir kaum im Klaren. Zum gewissen Teil trug bei manchen Jugendlichen angesichts der zerbombten Städte auch eine gewisse Vermessenheit bei, unbedingt mitwirken zu müssen, so etwas künftig zu verhindern, was nicht von ungefähr geschürt, z.B. in Hamburg leicht zu bestärken war. Hatten hier doch die verheerenden Bombenangriffe 1943 Zigtausend Opfer gefordert. Gerüchte sprachen von unglaublichen fast 40.000 Toten, und die Wirklichkeit war noch schlimmer. Wegen der Abwesenheit der im Kriegsdienst befindlichen Männer waren es meist Frauen, Kinder und alte Leute. Ihre Leichen befanden sich, soweit sie nicht auf den Straßen umgekommen und leicht zu bergen gewesen waren, noch monatelang wegen Seuchengefahr in durch Mauern abgesperrten Stadtteilen bzw. Straßenzügen für eine Bergung schwer zugänglich unter den Trümmern. Dies vor Augen, sorgte bei den Schülern, die als letzte Luftwaffenhelfer-/Flakhelfergeneration Anfang 1944 einberufen worden sind, bei entsprechender Aufbereitung auch für Motivation zum Flakdienst. Letztendlich dürfte aber auch ohnehin keinem die Möglichkeit einer Absage gelassen worden sein. Am selben Tag noch wurden wir eingekleidet, d.h. mit Uniform und Kleidung versehen, die für viele noch zu groß war. Dann ging es gemeinsam mit anderen Schulklassen im Sammeltransport in das Flak- und Schießlager Büsum, Wesselburen, das für harten Drill berüchtigt war und daher im Volksmund „Flak- und Schleiflager" hieß. Das erste war dort, dass jeder, wer ihn noch nicht hatte, einen streichholzlangen Haarschnitt verpasst bekam, ob er wollte oder nicht. Ohne Umschweife begann dann die militärische Grundausbildung und die spezielle Waffenkunde an einer 2 cm Flak (Flugabwehrkanone) Modell 1938. Die Waffenkunde umfasste die Unterrichtung bezüglich Bauart, Funktion sowie Bedienung und Pflege des Geschützes. Breiten Raum nahm auch die Flugzeugerkennungskunde ein. Alles sollte in 4 Wochen vermittelt werden. Die Dienstzeit war wochentags von 8.00 bis 18.00 Uhr einschließlich Putz- und Flickstunde. Es ergaben sich besondere Inanspruchnahmen, die aus einem vorangegangenen, angeblichen Fehlverhalten einzelner oder aller begründet waren und zu Strafappellen in der nächtlichen Ruhezeit von 22.00 bis 6.30 Uhr führten. Meistens handelte es sich dabei um Zeugappelle, „Maskeraden" genannt. Das heißt, es mussten nach einem plötzlichen Weckruf alle innerhalb weniger Minuten z.B. in Arbeitszeug angetreten sein. Da die Zeit natürlich zu kurz angesetzt war, schaffte es keiner. Somit wurde zur „Übung" ein weiterer Antritt in feldmarschmäßiger Ausrüstung befohlen, was wegen der hierfür wiederum zu kurz bemessenen Zeit auch nicht klappte und somit weitere Appelle nach sich zog. Insgesamt, so ist es einem später aufgegangen, sollten diese nächtlichen Appelle wohl auch zur

Einstimmung auf die künftigen Gegebenheiten dienen, bei denen man ein oder mehrmals bei Nachtalarmen schnell gefechtsklar antreten musste. Zu der Zeit waren wir darüber äußerst aufgebracht. Besonders schikanös erschien uns, bei der Grundausbildung die „Erdkunde", der Drill „Deckung zu nehmen", gerade dort im Gelände, wo es am schmutzigsten und matschigsten war in mit wassergefüllten kleinen Mulden und einem flachen Graben, und zwar immer und immer wieder. Wir waren den Ausbildern – zum Teil kriegsverletzte Frontsoldaten – nie schnell und kompromisslos genug, uns in den größten Dreck zu werfen. Wir sahen stets aus wie die „Schweine" und mussten unsere Montur jedoch abends, wenn auch noch feucht, doch gesäubert wieder vorweisen können. Auch bei der Ausbildung am Geschütz wurden Bedienungsschnelligkeit und unseres Erachtens häufig übertriebene Wiederholungen auch der kleinsten Handgriffe derart auf die Spitze getrieben, dass man deren Sinn nicht mehr einzusehen vermochte. In unserem Zorn dichteten wir die Texte der gängigen Lieder, die wir bei den täglichen Marschübungen singen mussten, in zum Teil die Ausbilder persönlich beleidigender Weise um, was für disziplinarische Bestrafung mehr als ausgereicht hätte. Es blieb alles ohne Konsequenzen, wenn man auch glaubte, ihre Zähne knirschen zu hören. Im Rückblick mögen sie mitleidig gedacht haben: „Diese kleinen Irren, sie wissen gar nicht, was alles auf sie zukommt" und Recht hatten sie. Als Gipfel der Schikane erschienen uns die Kontrollappelle am Sonntagmorgen. Der UVD (Unteroffizier vom Dienst) prüfte dann die Ergebnisse der laut Dienstplan stets am Sonnabend zu leistenden umfangreicheren „Putz- und

Flickstunden". Trotz der intensiven Bemühungen aller fand er immer noch etwas. Sei es, dass sich auf dem höchsten Sims noch etwas Staub befand, sei es, dass an der Zahnbürste an der Borsteneinbindung noch ein geringfügiger Rest von Zahnpasta zu sehen war. Er fand immer noch genug, dass sich die Nacharbeiten bis in den Sonntagnachmittag hinein erstreckten. Der einzige Lichtblick in dieser Zeit war das Auftreten einer Theater und Musiktruppe, die nach einigem Zögern sogar ausnahmsweise bereit war, verbotenen Jazz - FD 79 und den amerikanischen Evergreen „Alexanders Ragtimeband" - zu spielen. Dies deshalb, weil eine gelegentlich dieser Veranstaltung erfolgte amerikanische Versteigerung einer Apfelsine - keiner wusste woher zu der Zeit eine Apfelsine herkam - einen so überaus hohen Geldbetrag für das Rote Kreuz ergeben hatte. Als Abschluss der Ausbildung mussten Teile der Geschützmechanik, so z.B. das Herzstück der Kanone, der Verschluss, der die Geschossentnahme aus dem Magazin, die Einführung in das Kanonenrohr, dessen Verriegelung zum Schuss und letztlich das, was den Patronenauswurf bewirkte, blind demontiert und wieder montiert werden können. Am 7. Februar 1944 morgens wurden die Exerzierkanonen zum Übungsschießen -auf dem nahe gelegenen Nordseedeich in Stellung gebracht zum die Ausbildung abschließenden Übungsschießen. Zunächst musste eine in ca. 150 m entfernte im Wasser aufgestellte Zielscheibe getroffen werden. Anschließend tauchte ein einmotoriges Flugzeug - Typ Klemm - auf, das einen Luftsack an einer viel zu kurzen Leine, wie wir wegen unserer bis dato nicht bewiesenen „Schießkünste" meinten, als bewegliches Ziel hinter sich herschleppte. Es ging alles gut aus, vor allen Dingen auch für den „todesmutigen" Piloten, denn ich hatte zu der Zeit wegen meiner Größe noch Probleme im Richtschützensitz sitzend richtig durch die Zieleinrichtung zu sehen.

Nach Beendigung dieser Übung ging es eilig zurück ins Lager zum Gepäckfassen und anschließend erfolgte die Rückfahrt zum für uns vorgesehenen Einsatz nach Hamburg-Harburg zur 7. leichten Flakabteilung 762/0/. Diese hatte ihren Batteriegefechtsstand am Nordufer der Süderelbe neben der Eisenbahnbrücke. Die zu dieser Batterie gehörenden Geschütze waren u.a. Zum Schutz dieser Brücke und umliegender wichtiger Objekte vor Tieffliegerangriffen bei einer Raffinerie am Reiherstieg, dem Industriegebiet um die „Hobumwerke", dem „Schlachthof" nahe dem Lokomotivausbesserungswerk Harburg, der Autobahnbrücke über die Süderelbe bei Stillhorn, dem „Zubringer" zur Autobahn sowie auf der Eisenbahnbrücke selbst stationiert. Noch am selben Abend wurden wir auf unsere Einsatzorte und das jeweils vorgesehene Geschütz eingeteilt.

Die Stationierung - Der Schock

D.M. und zwei Mitschüler aus unserer Klasse wurden dem 1. Zug, 2. Geschütz und ich allein dem 1. Zug, 3. Geschütz zugeteilt. Ein Schock, es waren die beiden Geschütze auf der Nord- und Südseite der Süderelbbrücke. Sie befanden sich mit dem ständigen Wohnquartier in ca. 35 m luftiger Höhe - jeweils auf zwei Brückenbögen montiert.

Jeder wusste, dass die Brücke Angriffsziel erster Ordnung war und deren ungeschützt auf dem höchsten Punkt der Brückenbögen platzierten Geschützstände leicht angreifbar und daher sehr gefährdet waren, so dass die Stationierung dort einem Himmelfahrtskommando glich.

Das war ein absolut negativer Auftakt zu meinem 15. Geburtstag, dem 8. Februar 1944. Positiv war dass mir ein sofortiger Kurzurlaub von 4 Tagen nach Oberfranken zum Familienbesuch gegeben wurde. Zeitgleich mit meiner Ankunft am späten Abend dort traf jedoch ein Telegramm vom Tod meiner Großmutter ein, so dass ich 2 Tage später wieder in Hamburg zur kurzfristig angesetzten Beerdigung war und am nächsten Tag meinen Dienst am 3. Geschütz antrat.

Die Brücke - Wohnen und Leben auf Brückenbögen

Der Zugang zur Brücke wurde auf beiden Uferseiten von bewaffneten Posten Tag und Nacht bewacht. Dies, um Sabotage zu ihrer Zerstörung zu verhindern. Das Bedienungspersonal für die Geschütze auf den Brückenbögen, d.h. wir, hatte nur Zugang gegen Nennung der täglich wechselnden Parole in Verbindung mit einem zusätzlichen Stichwort. Zivilisten hatten Zutrittsverbot. Von der Wasserseite beiderseits der Brücke allerdings, so schien es uns, die nun fortan darauf leben sollten, war sie nicht so gut gesichert. Die unangenehme Überraschung bei weiterer Inaugenscheinnahme war, dass sich der Gefechtsstand des 3. Geschützes gar nicht über dem Fluss befand, wie ich gedacht hatte, so dass man im Notfall nach meiner ersten naiven Vorstellung von dort hätte runterspringen können, was aus der Höhe nicht zuletzt wegen der zu geringen Wassertiefe ohnehin Unsinn gewesen wäre. Der Gefechtsstand befand sich über einer teils bewachsenen, teils schlammigen Insel, der so genannten „Diamant- Insel". Die Besatzung dieses Geschützes bestand aus dem Obergefreiten W. als Geschützführer und dem Obergefreiten F., sowie 4 Luftwaffenhelfern aus einem Lüneburger Gymnasium, 18 Jahre alt, die von uns abgelöst werden sollten. Sie wurden nach einigen Wochen zum Antritt ihres Wehrdienstes entlassen. Sie waren aufgrund ihres Alters körperlich ein ganz anderes „Kaliber" als wir. Wir, das hieß, der Luftwaffenhelfer Schö., 16 Jahre, von einer anderen Schule, und ich 15 Jahre alt. Schö. wurde jedoch bald versetzt, so dass mit mir allein die Ablösung vorerst mehr als unzureichend war.

Die Behausung des Gefechtsstandes hatte acht mit Strohsack-Matratzen versehene Betten, jeweils 2 übereinander, in einem etwa 14 Quadratmeter großen Barackenraum mit einem Fenster, das nachts mit Laden wegen der Verdunklungspflicht fest verschlossen werden musste. Dieser Raum war mit dem direkt davor liegenden Aufenthaltsraum von gleicher Größe verbunden, der mit Tisch und 8 Sitzgelegenheiten, 8 Spinden und einem Kanonenofen ausgerüstet war. Er hatte 2 Fenster, die abends auf dieselbe Weise verschlossen werden mussten. Der Eingang zu diesem Raum führte über einen kleinen engen Vorraum, wo sich Gewehre, Gasmasken, Wachtmantel etc. sowie Waschschüsseln, eine Abwaschschüssel und zwei Wasserkannen befanden. Das Waschen fand somit in Schichten statt, und zwar im Aufenthaltsraum. Jeder hatte nach dem Waschen seine Schüssel so zu reinigen, dass der nächste sie akzeptierte. Es gab keine Toilette und kein fließend Wasser. Die Toilette und unsere Wasserstelle befanden sich in einem Bahnwärterhaus 200 entfernt. Man musste also den Brückenbogen runter, dort eine senkrechte Steigleiter und anschließend im Brückenturm ebenfalls senkrechte Steigleitern hinunter und dann noch 150m gehen, bei Tag und Nacht, bei Wind und Wetter. Jeder, der diesen Weg ging, war verpflichtet, Wasser von dort mitzubringen. Das bedeutete, dass er eine Kanne in den Haken des Seiles einer Handwinde hängen und sie auf einen 25 m tiefer befindlichen Laufsteg hinab lassen musste, sie von dort mitnehmen und zurück dort gefüllt wieder einhaken musste, um sie nach dem Aufstieg dann hochhieven zu können. Ein Toilettengang in der Nacht mit An- und Ausziehen wurde somit zu einem zeitaufwendigen

Ausflug. Im Übrigen war die Handwinde ein unentbehrliches Instrument, denn, ob Verpflegung, Brennmaterial, Munition etc. alles gelangte nur per Winde zu uns rauf. Der Aufstieg durch den Brückenturm war zu eng und man brauchte beide Hände dazu. Wenn Züge die Brücke passierten, schwankte diese mitsamt dem Geschützstand beträchtlich und wenn sich 2 Züge begegneten, steigerte sich dies noch. Man wurde im Bett hin- und hergeschüttelt, Gegenstände auf dem Tisch fingen an zu wandern und Flüssigkeiten in Behältern ohne Verschluss schwappten über. Tassen für Getränke oder Teller für Suppen waren daher nicht möglich, sondern nur halbvoll gefüllte hohe Becher und Kochgeschirre. Man gewöhnte sich daran. Ein besonderes Erlebnis war es jedoch auch für uns immer wieder, wenn der seltene Fall eintrat, dass auf allen 4 Gleisen Züge passierten, 2 Personenzüge und 2 Güterzüge. Dann geriet alles aus den Fugen. Spinde öffneten und entleerten sich und Gegenstände auf dem Tisch machten richtig kleine Sätze und der Lärm war auch für unsere abgehärteten Ohren mehr als beträchtlich. Eine Verständigung war nicht mehr möglich. Im Winter war es trotz intensiven Heizens kalt, weil Wind und Wetter von allen Seiten gut einwirken konnten und die Wärmedämmung nicht ausreichend war. Zur kältesten Zeit genügten nachts 2 Wolldecken und 2 Mäntel als Zudecken nicht. Gefürchtet war besonders der Abstieg am Brückenbogen bei Schnee- und Eisglätte. Der Laufsteg war zwecks Griffigkeit zwar mit Querrippen versehen, jedoch je weiter er dem Verlauf des Bogens folgend nach unten führte, desto steiler wurde er. Die Griffigkeit war dahin. Es gab dann auch an den ausgekühlten Stahlträgern bzw. Stahlgeländern, die durch gefrorene Feuchtigkeit wie mit einer Glashaut überzogen waren, kaum Halt. Man drohte abzustürzen. Dies besonders nachts, wenn man zum Nacht-Wachtpostendienst im Batteriegefechtsstand eingeteilt war. Eine Beleuchtung des Stegs war wegen der absoluten Verdunklungspflicht für dieses militärisch wichtige Objekt nicht gestattet.

All den Nachteilen stand jedoch gegenüber, dass wir eine größere Freiheit genossen als alle anderen, die in normalen Stellungen am Boden Dienst taten und dauernd im Blickfeld ihrer Vorgesetzten waren. Zu uns traute sich nämlich selten ein Vorgesetzter hinauf wegen der damit verbundenen Beschwerlichkeiten. Sofern es dennoch einer unternahm, wurde er uns so rechtzeitig angekündigt, dass noch genug Zeit war, alles so herzurichten, wie es zum Beispiel der Dienstplan für diese Tageszeit vorsah. Im Aufstieg im Brückenturm gab es nämlich einen Auftritt beim Wechsel von einer Steigleiter zur anderen, auf den jeder nicht Eingeweihte unwillkürlich trat, um sicher weiterzukommen. Hier hatten wir einen elektrischen Kontakt installiert, der uns per Klingelsignal warnte. Er hat nie versagt.

Tagesablauf nach Dienstplan und einige Regeln

Die obligatorische Verpflichtungszeremonie hatte im größeren Rahmen zusammen mit anderen Luftwaffenhelfern, die Schüler anderer Schulen waren, auf einer Wiese im Moorburger Hafen stattgefunden. Wir waren nun voll in den Dienstbetrieb eingebunden. Unser Tagesablauf sollte sich im Normalfall nach dem Dienstplan in genau angegebener Zeitfolge einteilen in Fortführung des Schulunterrichts in der Nähe oder in einer der Gefechtsstellungen selbst, Verfestigung und Fortsetzung der militärischen Ausbildung, nächtlichen Wachdienst sowie Inordnunghaltung der militärischen Ausrüstung und Lebensbelange. Letzteres war angesichts des beengten Zusammenlebens unter der waltenden, mangelhaften sanitären Ausstattung sehr wichtig. Die hierzu als schikanös empfundene Ausbildung im Lager Büsum erschien uns nun in einem anderen Licht. Sie war notwendig gewesen, denn jeder wusste nun „wo es lang geht". Über allem stand jedoch die ständige Einsatzbereitschaft bei Tag und Nacht bei Bomberanflügen. Alle Aktivitäten, einschließlich Schulunterricht, sollten nicht weiter vom Gefechtsstand entfernt sein, als dass man diesen innerhalb von 20 Minuten nach der Voralarmstufe „Seeadler" erforderlichenfalls im Laufschritt erreichen konnte. Wegen der ab 1944 immer häufiger werdenden Einflüge von kleineren oder größeren Bomberverbänden und auch von wenigen einzelnen Maschinen ging meistens nichts mehr nach „Dienstplan". Jedem Luftwaffenhelfer stand für seine 24-Stunden Einsatzbereitschaft ein Tag Ausgang pro Woche zu, sofern sein zuhause am Ort war. Bei auswärtigem Wohnsitz, zum Beispiel wenn die Familie evakuiert war, wurde nach 4 Wochen ein Kurzurlaub von 4 Tagen gewährt mit Freifahrt auf allen Verkehrsmitteln einschließlich Fronturlauberzügen, wohin auch immer sowie einmal wöchentlich nachmittags einige Stunden Kurzausgang, was für mich zutraf. Ein- oder zweimal im Monat, bei uns meistens am Mittwoch, war „Batterietag". Dann konnten die Stellungen von 13.00 bis 19.00 Uhr unter Zurücklassung einer Geschütz-Notbesetzung (2-Mann) verlassen werden. Meist allerdings zunächst für Nebenpflichten, wie Impfungen oder Übungen mit der Schutzplane gegen Chemiewaffen wie Phosphor etc. oder die immer wiederkehrenden Gasmaskenprüfungen und – Übungen im Gasraum der Kaserne Sinstorf. Hier musste im Gasraum bewiesen werden, dass bei allen möglichen Übungen die Gasmasken dicht und funktionsfähig waren. Als Beweis der Fertigkeiten im Umgang mit der Maske mussten dann Filter- oder Scheibenwechsel vorgenommen werden. Natürlich dies nur nach einer vorherigen Laufübung mit aufgesetzter Maske, so dass der Atem ohnehin knapp war und kaum solange angehalten werden konnte, wie der Wechsel der Teile benötigte. Die Geübteren schafften es gerade, die anderen kamen ins Husten und Würgen und konnten mit tränenden Augen nichts mehr sehen. Sie mussten raus. Früher oder später kam einem aber die Einsicht, dass man es schaffen musste, um im Ernstfall zu bestehen. Nachdem nun die Ausbilder bei solchen Gelegenheiten ihren „Spaß" gehabt hatten, kam unser Spaß. In der verbleibenden Zeit gingen wir ins Kino, was sollte man auch anderes machen. Es war eine absolut trostlose Wirklichkeit. Hier verteilten wir uns auf einzelne Plätze mit unseren noch etwas gasdurchtränkten Uniformen. Prompt fing das übrige Publikum an, sich die Augen zu wischen und zu hüsteln. Wir gaben uns empört wegen der Störungen und mahnten Ruhe an. Es war ein kindlicher Spaß, der uns jedoch dafür entschädigte, was den meisten von uns vorher in viel massiverer Weise passiert war.

Die Gewöhnung an die bedrohliche Wirklichkeit

In der ersten Zeit unseres Einsatzes hatten wir Glück. Die Ziele der in unserem Bereich anfliegenden Bomberverbände waren andere Städte wie Berlin, Magdeburg, Braunschweig und andere. Hamburg war bereits weitgehend verwüstet. Wir waren zwar durch diese Anflüge permanent in Feuerbereitschaft und kleinere Angriffe fanden auch statt, jedoch ohne große Wirkung, aber für uns von langer Dauer, bis ihr Abflug aus unserem Luftraum beendet war, denn es ist immerhin vorgekommen, dass Bomber aus solchen Verbänden noch Ziele in Hamburg angegriffen haben, so dass sie erst zum Schein dem allgemeinen Strom folgten und als letzte dann umkehrten. Besonders die langen Nächte bis fast morgens waren unangenehm, weil es bis zum Schulanfang nur wenig Schlaf gab. Diesbezüglich gab es übrigens für die Schulen seinerzeit eine Regelung, dass nach Nachtangriffen/-alarmen, je nach Dauer, in der die Bevölkerung in Bunkern oder Kellern Schutz suchend ausharren musste, der Unterricht zeitlich abgestuft erst später anfing und, so weit möglich, in den Nachmittag verschoben wurde. Dies, damit die Schüler den entbehrten

Schlaf nachholen konnten. Diese Regelung galt wegen des täglichen Dienstbetriebes für uns leider nicht. So war eines sicher, dass, egal wie lang oder kurz die Nächte auch waren, dass unser Lehrer E.R. um 8.00 Uhr auf der Matte stand und auf uns wartete, nachdem er über eine Stunde mit dem Rad oder wie auch immer anders unterwegs gewesen war. Im Übrigen, der Unterricht bei ihm lohnte sich immer. Sein Wahlspruch war: „Die Hosentaschen eines Schülers sind ein Museum, die eines Lehrers ein Vorbild". So sahen sie auch aus. Sein Unterricht war immer interessant. Ebenso wie er kamen für andere Lehrfächer auch weitere Lehrer unserer Schule zu uns und bemühten sich trotz aller Beschwerlichkeiten mit großer Beharrlichkeit uns das beizubringen, was wir wissen sollten. Unseren ersten „Feindbeschuss" hatten wir an einem trüben Tage als eine Anzahl fliegender Festungen, Boeing Fortress II, gemeldet und auch bald in der Nähe zu hören waren. Die schwere Flak hielt sich zurück. Es fanden Luftkämpfe in größerer Höhe über den Wolken statt, als plötzlich ein immer stärker werdendes Motorengeräusch einer schweren Maschine zu hören war. Wir wussten nicht, was wir davon halten sollten, wollten aber nicht riskieren, durch einen Tiefangriff überrascht zu werden; besonders nicht von einer Maschine mit dieser Feuerkraft und Bombenlasttragfähigkeit. Wir richteten das Geschütz nach dem Geräusch dahin aus, wo zu vermuten war, dass sie aus den Wolken stoßen würde. Wir lagen in etwa richtig und konnten das Feuer sofort eröffnen, wie weitere Geschütze aus der Umgebung auch. Nach wenigen Sekunden stellten jedoch alle das Feuer ein. Die Maschine befand sich bereits im

Absturz und schlug kurz danach auf.

Die Konfirmation

In dieser Zeit erhielt ich auch eine Nachricht von der Kirche, dass meine Konfirmation auf den 19. März 44 festgesetzt sei und der Pastor wegen meiner langen Abwesenheit vom dazu vorbereitenden Unterricht mit mir in seiner Wohnung vorher noch einmal sprechen möchte. Mein diesbezügliches Urlaubsgesuch wurde abgelehnt. Mein Vater, der gerade auf Urlaub von der Ostfront hier war - ich hatte ihn seit seiner Einberufung im August 1939, dass heißt innerhalb von 4 ½ Jahren jetzt für wenige Stunden das dritte Mal gesehen und das sollte für fast die gleiche Zeit bis zu seiner Rückkehr aus russischer Gefangenschaft im Juli 1948 das letzte Mal gewesen sein -, wurde beim Batteriechef vorstellig und konnte doch noch einen „Konfirmationsurlaub" von Sonnabend nachmittags bis Sonntagabend bewirken. Aus dem zum Sonnabend nachmittags angesetzten „Pastoren-Gespräch" wurde jedoch nichts, weil bereits frühzeitig für uns Alarmbereitschaft gegeben wurde, ich somit meinen Posten erst sehr verspätet verlassen konnte und die Verkehrsmittel aufgrund einiger Bombenschäden noch nicht wieder in vollem Umfang fuhren. Bei der Konfirmationszeremonie in der Kirche lief trotz einer nur kurzen vorherigen Verhaltensinformation alles gut ab. Die „Feier" fand im Café Walhof am Hauptbahnhof im kleinsten Kreise bei bonbonfarbenem

Heißgetränk statt. Dies, weil für Essensgerichte Lebensmittelmarken hätten hergegeben werden müssen, und die waren zu wertvoll hierfür. Wir waren 3 Personen. Meine Mutter, eine Tante und ich. Mein Vater war bei der „Feier" bereits nicht mehr dabei. Sein Heimaturlaub war vorher zu Ende, und meine Mutter kehrte am nächsten Tag zum Evakuierungsort nach Oberfranken zu meinen Brüdern zurück. Der Alltag hatte alle wieder.

20. Juni 1944 - Keine Rettung

Es begann wie immer. Der Anflug einer sehr großen Zahl von Bomberverbänden war gemeldet worden. Ein Teil flog an Hamburg vorbei, der Rest konzentrierte sich auf den Raum Süderelbe / Harburg. Bald waren die Rhenania-Ossag - Raffinerie und ihr Umfeld westlich von uns in dichten schwarzen Qualm gehüllt. Die Bombenteppiche näherten sich uns. Allerdings zeigte auch das permanente Feuer der schweren Flak Wirkung. Die anfliegenden Pulks zogen sich auseinander. Die Nerven der Piloten waren offensichtlich hoch strapaziert. Die Dichte der Abwürfe war nicht mehr groß und verloren an Wirkung. Vom Öffnen der Bombenschächte bis zum Auftreffen der Bomben konnte man von unserer luftigen Position alles bestens beobachten. Schließlich luden sie ihre Ladung nur irgendwo ab, wie es uns schien, denn die letzten Einschläge querten in etwa 300 m Luftlinie Entfernung von uns die Nord-Süd verlaufenden Eisenbahngleise und fielen größtenteils in Grünflächen, Schrebergärten und mit Ausläufern unglücklicherweise auch in die Stellung der drei 2 cm Vierling-Geschütze unserer Batterie am „Zubringer". Von daher kam dann auch kurz danach eine eilige Anforderung eines Rettungswagens. Fähnrich B. war schwer verwundet worden. Aus dem Sprechverkehr war zu entnehmen, dass keine Trage vorhanden sei und geraten wurde, eine Tür auszuhängen und ihn für den Transport darauf festzuschnallen. Es war zu spät. Er war durch hohen Blutverlust noch vor dem Abtransport gestorben. Ganz unerwartet gab es die Angriffshandlungen abschließend noch einige Bombenabwürfe aus großer Höhe in Richtung Brücke von der falschen Seite, vom Osten her, von auf dem Rückflug befindlichen Maschinen. Sie gingen jedoch alle daneben und richteten bei uns keinen Schaden an.

Alle verfügbaren Kräfte wurden anschließend eilig herangezogen, nach Überlebenden in zerstörten Gartenlauben der Nachtbarschaft zu suchen. Eine traurige Aufgabe. Es wurden keine mehr gefunden.

Flugzeugabschuss und sonstige Begebenheiten

Auch die nächtlichen Einflüge, meist von schnellen Mosquitos – Bombern mehrten sich, wenn sie auch in kleinerer Zahl erschienen. Eines Nachts wurden mit Fallschirmen abgesprungene Besatzungsmitglieder abgeschossener Flugzeuge gefangen genommen und bei Morgengrauen zum Batteriegefechtsstand eskortiert. Die Gefangenen kamen aus ihrem Erstaunen sichtbar nicht heraus, wer ihnen hier an den Geschützen gegenüberstand. Alles relativ kleine Leute mit zu langen Mänteln, die zwar gerade bei Übermüdung in den langen Nächten schön warm hielten, aber mit Stahlhelm und vermummt mit Gesichtsschutz eher einer Ansammlung von Zwergen oder Rumpelstilzchen ähnelten. Als wir morgens einige Stunden später auf dem Deich in Richtung „Zubringer" zum Schulunterricht gingen, ragte etwa 100 m landeinwärts auf einem Stück Wiese das abgebrochene Rumpfende eines Bombers senkrecht empor. Drumherum standen Leute, Anlieger, Bauern der hinter dem Deich liegenden Obstgärten, wie auch Bewohner der weiter vom Deich entfernt gelegenen Schrebergartenlauben, meist Ausgebombte, die nichts mehr hatten retten können und dort eingewiesen worden waren oder die diese Lauben in Besitz genommen hatten. Alle starrten auf den toten Heckschützen des Bombers, der zur Hälfte mit dem Oberkörper außerhalb der Heckkanzel, zum Teil mit dem Unterkörper innerhalb der Kanzel lag. Alter ca. 28 Jahre. Er zeigte keine Spuren einer Verletzung. Er hatte einen schneeweißen, wunderbar gearbeiteten Pullover an. So etwas hatte „man" noch nicht gesehen. Wir mussten weiter. Der Bergungsdienst war auch schon benachrichtigt worden. Unterwegs beschäftigte uns die Frage, wie lange der tolle Pullover wohl noch da sein würde. Aus dem Unterricht wurde an diesem Vormittag nicht viel, weil sehr bald Voralarm gegeben wurde. Wir konnten uns auf dem Rückweg zur Stellung aber trotz der gebotenen Eile nicht verkneifen, noch kurz am Wrackstück vorbeizulaufen. Der Heckschütze hatte keinen Pullover mehr an, war aber sehr sorgfältig zugedeckt worden. Mit Fortdauer des Krieges wurden Material und Waffen knapp. So wurde unsere 2 cm Kanone Modell 1938 zum Einsatz an der Ostfront gegen ein Modell 1930 ausgetauscht. Wir waren sauer, weil wir auf diesem exponierten Posten nun auch noch mit einem Geschütz geringerer Feuerkraft vorlieb nehmen sollten, das nur 120 statt 180 Schuss pro Minute leistete. Während des Wechsels wurden wir für kurze Zeit in den Schlachthofzug verlegt. Hier erlebten wir ein Abwehrfeuer der schweren Flak auf relativ niedrig fliegende Maschinen, wobei ein Teil der Granaten noch weit darunter explodierte. Flakgranatensplitter waren von uns schon immer gefürchtet und man bekommt auch hierfür ein „Ohr", ob sie einem von der Größe und / oder Nähe her gefährlich werden konnten. Hier wurden sie aber wegen der Nähe der Explosionen zu einem echten Problem. Wir hatten eigentlich wegen möglicher Bombenabwürfe in einem frisch ausgehobenen, aber nicht sehr tiefen, durch Regen lehmig matschigen Graben Deckung genommen, als ich ein zischendes, bedrohliches Geräusch hörte und mich instinktiv hinwarf, als auch etwas schon über meinem Rücken in die Grabenwand peitschte. Ein

Granatsplitter, groß genug um tödlich zu wirken. Eine Situation und ein verdrecktes Aussehen, wie wir es bei den Ausbildungsübungen als Schikane empfunden hatten, hatte hier deren Sinn demonstriert. Wenig später sollte unser Brückengefechtsstand zu unserer angenehmen Überraschung neu besetzt werden. Mitschüler (X.X.) wurde bestimmt und zwei weitere Leute, einer davon war ein Flaksoldat. X.X. fing an zu weinen. Er wollte nicht und die anderen beiden auch nicht. Nach kurzer Beratung der Vorgesetzten wurde bestimmt, dass wir, die alte Mannschaft, doch wieder rauf müssen. Wir waren, nachdem die falsche Hoffnung in uns geweckt worden war, auch nicht sehr begeistert. In unserer Umgebung befanden sich auch Scheinwerferstellungen. Eine davon war nur etwa 150m von uns entfernt neben der Gleisstrecke auf unserer Uferseite. Sie leistete gute Arbeit und war auch beim Aufspüren einzeln anfliegender Flugzeuge erfolgreich und somit für die Flugabwehr überaus nützlich. Dies konnten wir aus unserer Position gut verfolgen, was auch unser unheimliches Gefühl milderte, nicht zu wissen, was sich im Dunklen über uns möglicherweise Unheilvolles anbahnte. Diese gute Arbeit war allerdings an anderer Stelle Anlass zu Befürchtungen, dass diese Scheinwerferstellung Ziel nächtlicher Angriffe zu ihrer Beseitigung werden und so zusätzlich auch eine Gefährdung der so nahe gelegenen Brücke sein könnte, wie auch aus ihrer Position zu den anderen Scheinwerferstellungen eine Orientierung auf die Lage der Brücke zu nächtlichen Angriffen auf sie ausgenutzt werden könnte. Wie auch immer, die Stellung wurde sehr bald stillgelegt und die Besatzung, die zum Teil aus Flakhelferinnen im Alter von 20 Jahren und älter bestanden hat, wurde abgezogen. Mit dieser Lösung waren wir nicht glücklich, weil nunmehr wieder vieles für uns im „Dunklen" blieb. Rein zufällig endete genau zu diesem Zeitpunkt auch die so bemerkenswerte Einsatzfreudigkeit unseres Geschützführers zum unbeliebten Wasserholen, bei dem der Weg unmittelbar an den Unterkünften auch des weiblichen Scheinwerferpersonals vorbei geführt hat. Fortan war dies wieder allein unsere Angelegenheit mit dem Vorteil, dass keiner mehr so lange auf Wasser warten musste.

Ein unglaublicher Angriff mit Nebenwirkungen

Kurz darauf erlebten wir etwas Unglaubliches. Es war wieder einmal Feuerbereitschaft, aber wir wussten lange Zeit nicht warum, weil keine entsprechende Meldung kam. Plötzlich die Durchsage: Zwei tief fliegende Lightnings ganz in unserer Nähe. Gleich darauf tauchte auch eine auf. Die andere haben wir nicht zu Gesicht bekommen. Diese Maschine, ein Flugzeug mit Doppelrumpf, flog nur etwa 10 bis 15 m über dem Wasserspiegel aus Richtung „3" die Oberelbe herab direkt auf uns zu. Sie war also 15 bis 20 m unter unserem Standort. Wir hatten sie schnell im Visier und die Leuchtspurmunition zeigte auch, dass wir im Ziel waren. Aber es war zum Verzweifeln, weil es so schien, dass die Garben in der Mitte durch den Doppelrumpf der Maschine wirkungslos hindurchgingen und sie nicht trafen. Je näher die Maschine kam, desto tiefer unter die Nulllinie mussten wir das Geschützrohr nach unten richten. Uns war gesagt worden, 5° Grad minus seien erlaubt, tiefer auch nicht möglich, weil dies blockiert sei, um nicht in die Geschützstandwand zu schießen. Die Wirklichkeit war anders. Es gab eine Explosion, eine Staubwolke und wir hatten ein großes Loch in der Holzwand unseres Geschützstandes. Keinem war was passiert, wir konnten jedoch nicht weiter mit dem Geschütz folgen und schießen, hatten aber gute Sicht auf die tiefer fliegende Maschine und in deren Kanzel seitlich von oben. Wider Erwarten zog der Pilot jedoch nicht seine Maschine hoch, um beim Überfliegen der Brücke den Angriff abschließend Bomben auf sie abwerfen zu können, sondern er setze mit einer riskant engen Kurve in Richtung „zwo-zehn" (= Richtung 12) an, sie auf der Nordseite zu umfliegen, vorher aber, und das war das Unglaubliche, hob er - aus der Sicht unseres Alters, ein schätzungsweise 23 – 26 jähriger „Opa" - lässig die linke Hand hoch und winkte. Nun brauchte er jedoch für die Umrundung des nördlichen Brückenkopfes länger als wir, um das Geschütz dahin auszurichten, wo er wieder auftauchen musste. Hier konnten wir ihn neu erfassen und schießen. Er flog jedoch weiter. Aber wenig später kam die Nachricht, dass er bei Stade notgelandet und gefangen genommen worden sei. Unser zweites Geschütz auf der Güterzugbrücke zum Nordufer hin gelegen hat kaum eingreifen können, weil auf die tief anfliegende Maschine durch die davor liegenden Brückenbögen unserer Brücke keine Sicht gegeben war. Bei uns war eine sofortige Auswechslung des Geschützrohres erforderlich. Dies weil wegen der bereits abgegebenen Schusszahl das Rohr wegen Überhitzung gerade dann schnell funktionsunfähig werden könnte, wenn die gemeldete zweite Feindmaschine noch angreifen und das Rohr weiter benutzt werden würde. Der Rohrwechsel klappte in dieser stressbeladenen Situation zu unserer eigenen Überraschung mit den uns bei der Ausbildung zu unserem seinerzeitigen Missvergnügen immer wieder „eingetrichterten" Handgriffen und unter Benutzung der vorgeschriebenen Asbestlappen schnell und ohne die gefürchteten Handverbrennungen durch unbedachtes Zugreifen. Wir waren immer noch perplex über die „Dreistigkeit" des Piloten und rätselten, was er mit seinem Winken gemeint haben könnte. Etwa: „Na denn, bis zum nächsten Mal" oder wohl eher „Na

Ihr Flaschen, das war wohl nichts" etc. Hierüber hatten wir nicht nur zunächst das Loch in der Wand außer acht gelassen, sondern auch die uns zunächst unerklärliche Tatsache, dass wir ein „Prasseln" von Aufschlaggeräuschen in der Brückenkonstruktion gehört hatten, wie es der Feuerkraft der Lightning überhaupt nicht entsprach und zwar auch noch als diese bereits im Abdrehen war, also uns nicht mehr im Visier gehabt haben konnte. Wir gingen also runter auf den Laufsteg, um die Brückenträger von der Seite anzusehen, und es waren in der Tat viele Aufschlagpunkte von Geschossen zu sehen, die natürlich der massiven Stahlkonstruktion nichts hatten anhaben können, aber uns. Des Rätsels Lösung war, dass die drei „Zubringer" 2 cm-Vierlingsgeschütze sowie die beiden Autobahnbrücken 3,7 cm-Zwillingsgeschütze, die Maschine für sie in Abflugrichtung, aber auf uns im Anflug war, auch noch unter Beschuss hatten nehmen können. D.h. alle Geschossgarben, aus insgesamt 16 Geschützrohren, die am Ziel vorbeigingen, und das waren wegen der mangelnden Zielgenauigkeit bei der sich für sie schnell vergrößernden Entfernung der Maschine offenbar alle, landeten bei uns in der Brückenkonstruktion. D.h., wenn die angreifende Maschine nur etwas höher geflogen wäre, dann wären wir im Hintergrund gewesen und unsere eigenen Geschütze hätten mit Leichtigkeit das geschafft, was der Angreifer vorhatte. Hierzu mussten die Geschützführer der betreffenden Geschütze harte Rüffel einstecken, denn mit den fast horizontal abgefeuerten Geschossgarben ist außerdem auch noch der Giebel eines hinter dem Elbdeich gelegenen Strohdachhauses getroffen worden. Auch die Waffenmeister mussten sich wegen der

Fehleinstellung der Begrenzung unseres Geschützrohres nach unten einiges anhören. Bei uns jedoch verblieb ein ungutes Gefühl wegen der möglichen zusätzlichen Gefahren, denen man ausgesetzt sein kann.

Aber auch auf uns ging, wenn auch zu einer ganz anderen Angelegenheit und etwas später, ein Donnerwetter nieder von allerhöchster Stelle. Ebenso wie wir alle Versorgungsmittel in unsere Unterkunft mit der Winde raufbringen mussten, war uns auferlegt worden, allen
Abfall, Wasch- und Schmutzwasser wieder per Winde runter zu bringen. Dabei wäre es so einfach gewesen zum Beispiel Wasser von oben runterzugießen. Das hatte aber bereits früher Ärger mit dem unten patrouillierenden Brückenwachkommando gegeben, das etwas davon abbekommen hatte, wie auch mit der Reichsbahn, wo es in offene Fenster der Personenzüge gelangt ist.
Nun war es aber passiert, dass ein voller Kübel mit einer weißlichen klebrigen Emulsion entgegen dem Verbot und in völliger Verschätzung der Windrichtung nachts über Bord gegossen worden war; gerade in dem Moment, wo unten ein Zug mit der neu eingerichteten Begleitflak durchfuhr und von dieser Ladung die Kanoniere, die Waffe und die Gerätschaften voll besprenkelt worden waren. Die Beschwerde gelangte an höchste Stellen und für uns gab es Strafappelle und zusätzliche Nachtwachen. Eigentlich eine härtere Bestrafung als die bekommen hatten, die zuvor durch Nachlässigkeit unser Leben gefährdet hatten. Das gefiel uns nicht so gut daran. Ansonsten war die Sache in Ordnung.

Es gab weitere Möglichkeiten durch Fehlhandlungen zu Strafen zu gelangen. So ist es bei Auftauchen von tieffliegenden Maschinen zu Auseinandersetzungen innerhalb der Geschützbedienung gekommen, ob es sich um Freund oder Feind handelte. Es war bekannt, dass die Luftwaffenhelfer auf diesem Gebiet gut beschlagen waren. Dieses Thema stand immer und immer wieder auf dem Dienstplan bis zum Überdruss. Aber dies mit Recht, damit innerhalb weniger Sekunden eine zutreffende Erkennung erfolgen kann. Bei den Dienstgraden der Soldaten hingegen waren diese Kenntnisse nicht so verankert, denn sie hatten keinen so intensiven Unterricht darüber. So kam es vor, dass auf den Feuerbefehl des Geschützführers Luftwaffenhelfer sich weigerten, ihm zu folgen, weil sie die gesichtete Maschine nicht als feindliche, sondern als eigene erkannt hatten. Dies konnte natürlich Folgen haben, wenn nicht nachträglich festgestellt werden konnte, dass zur fraglichen Zeit auch deutsche Maschinen in der Luft waren. Umgekehrt hatte es auch Folgen, wenn wider besseres Wissen geschossen wurde. So hat am „Zubringer" der Verantwortliche trotz Warnung aller LWH Befehl zum Feuern gegeben und so den Beschuss einer Me 109 bewirkt, weil er sie für eine feindliche „Mustang" hielt. Da nicht viel Zeit zur Verfügung stand für weitere Diskussionen, wurde unter Protest geschossen und getroffen. Dem Piloten war nichts passiert. Aber seine Beschwerde sorgte für die Strafversetzung des Verantwortlichen. Da half ihm auch nicht, dass diese Me 109 sich unangemeldet in unserem Luftraum befand. Er hätte sie erkennen müssen und auch nicht die massiven Warnungen in den Wind schlagen dürfen.

Ein Unglück

Es war eines Tages wiederum eine Alarmbereitschaft gegeben, ohne dass größere Feindbewegungen im Luftraum zu verfolgen waren. Kurz nach Mittag wurde Entwarnung gegeben. Die Geschütze wurden wie üblich außer Gefechtsbereitschaft gesetzt, als plötzlich ein einzelner Schuss zu hören war. Gleich danach meldete eines der Geschütze vom Gefechtsstand „Reiherstieg", dass es ein Unglück gegeben hatte und der Geschützführer tot sei. Es war dort genau das eingetreten, was uns im Ausbildungslager Büsum immer wieder eingebläut worden ist, von einem Ausbilder, der selbst bei einer solchen Situation einen Unterarm verloren hatte und so für uns eine lebende Warnung war. Nämlich, dass zur Stillsetzung der Waffe: 1. das Munitionsmagazin entnommen wird 2. zweitens dann die Lademechanik durch kontrolliertes Vorlaufen lassen des Verschlusses von Hand mit einem eigens dafür vorgesehenen Kettenzug entspannt wird und 3. später die Mündungskappe auf das Geschützrohr gesetzt wird. Hier war jedoch entspannt worden, bevor das Magazin voll entnommen war und so noch eine Granate aus diesem entnommen und noch ein Schuss ausgelöst wurde, was noch nicht folgenreich hätte sein müssen. Doch zur gleichen Zeit trat der Geschützführer vor das Rohr, um die Mündungskappe auf das Rohr zu setzen, was eigentlich gar nicht seine Sache, sondern die eines Kanoniers gewesen wäre. Das Geschoss traf direkt den Kopf. Mag sein, dass er den Gefechtszustand schnell beenden helfen wollte, weil der Antritt seines Heimaturlaubs unmittelbar bevorstand. Es gab zur Klärung eine Kriegsgerichtsverhandlung. Dies war ein weiteres tragisches Ereignis, das diese Mannschaft betraf. Unser dort stationierter Mitschüler K.H.Z. hatte nämlich beim eiligen Antritt eines Tagesurlaubs beim missglückten Versuch noch seine Bahn durch Aufspringen zu erreichen ein Bein verloren.

Luftwaffenhelfer sind Partisanen - Die Lösung

Es ging das Gerücht, dass es Luftwaffenhelfer bald nicht mehr geben sollte, weil ihr Status nicht dem regulärer Soldaten mit einem Soldbuch entspräche und sie daher als Freischärler / Partisanen angesehen werden könnten. Dies könnte für sie im Falle einer Gefangennahme lebensbedrohliche Folgen haben. Zur Lösung des Problems sollten ihre Stellen so genannte Flak-V-Soldaten (Flak verwendungsfähige Soldaten) einnehmen. Diese, noch zu jung um regulär Soldat zu sein, aber mit 17 Jahren und mehr, sollten sie mit diesem Status den völkerrechtlichen Bestimmungen (Haager Landkriegsordnung) entsprechen.

In einem bestätigte sich das Gerücht sehr schnell. Den Geschützen wurden Flak-V-Soldaten zugeteilt. So auch uns. Zum anderen war jedoch keine Rede davon, dass wir nun entlassen werden würden. Das Miteinander lief von Anfang an eigentlich ganz gut. Das übliche Gehabe, dass ältere Jungen sich gegenüber jüngeren „etwas dicke tun", hat nicht stattgefunden, weil wir ihnen von der Ausbildung her und durch die längere Erfahrung etwas voraus hatten; sie mussten während der Dienstzeit weiter ausgebildet werden, während wir Schulunterricht hatten.

In gewisser Hinsicht fühlten wir uns benachteiligt, denn sie bekamen als „Soldaten" die in die Tagesverpflegung eingeschlossene Zigarettenration. Wir als „Minderjährige" jedoch nicht. Durch Eintausch der Zigaretten konnten sie ihre Verpflegung erheblich aufbessern. Außerdem erhielten sie einen höheren Sold.

25. Oktober 1944 - Wir leben noch!

Es war für mich ein dienstfreier Nachmittag ab 13.00 Uhr vorgesehen. Es war jedoch bereits kurz vor Mittag die Bereitschaftsstufe „Seeadler" gegeben worden wegen des Anfluges größerer Bomberverbände von der Nordsee, der Deutschen Bucht her, und zwar wie meistens auf der Anton- und Bertalinie (gemäß Planquadrateinteilung der Luftlagekarte). Wenig später erfolgte Alarmstufe „Feuerbereitschaft", weil die Verbände sich schnell näherten. Dies musste jedoch nach allen Erfahrungen nicht unbedingt bedeuten, dass die Region Hamburg das Ziel sei. Denn auch Anflüge auf Berlin folgten dieser Route, wie auch solche durch vorheriges Abschwenken in den Raum Hannover, wenngleich gerade auch Hamburg seit Ende September 1944 wiederum häufiges Ziel von Angriffen gewesen war. Auf jeden Fall, so schien es mir in einem Anflug von Zweckoptimismus, waren die Chancen gut, dass der Kelch an uns vorübergehen würde, so dass ich zwischenzeitlich, wo sich nichts tat, mit Billigung der anderen bereits meine „Ausgehmontur" anzog, um nach Aufhebung des Alarms einen schnellen Start in die dann noch verbleibende Freizeit zu haben. Die Situation entwickelte sich jedoch schnell anders, denn die Spitze der Bomberverbände tauchte bereits am Horizont offensichtlich mit Richtung auf den Süden Hamburgs auf. Am dort noch wolkenlosen Himmel waren die dicht gestaffelten anfliegenden Bomberpulks auszumachen. Inzwischen war von 600-700 Flugzeugen die Rede, von denen allerdings ein Teil eine andere Richtung eingeschlagen hatte. Entgegen sonstiger Erfahrungen luden die anfliegenden Pulks jedoch ihre Bombenlast nicht beginnend westlich von uns bis schließlich zu uns auf die Gebiete an der Süderelbe ab. Die ersten Pulks flogen trotz des konzentrierten Abwehrfeuers der schweren Flakbatterien weiter. Uns war nun klar, dass es sich bei diesen nicht um einen Überflug zu einem anderen entfernten Zielgebiet handelte, denn es wäre unvernünftig gewesen, die Verbände ohne Notwendigkeit durch das starke Flak-Feuer der hier in großer Zahl konzentrierten Batterien schwerer Flak zu schicken. Wir waren uns sicher, dass wir „dran" waren, denn östlich von uns war kein so wichtiges Ziel mehr für so viele Bomber. Die wichtige viergleisige Brücke, die Lebensader für Güter- und Personenverkehr zwischen Nord- und Süd, immer schon Ziel von Angriffen, war längst schon zur Zerstörung fällig Diese Tatsache vor Augen war unser ständiger Alptraum bei jedem Alarm. Für unsere leichten Flakgeschütze waren die sehr hoch anfliegenden Maschinen weit außerhalb der Schussreichweite. Wir waren somit diesem Angriff machtlos ausgesetzt. Es gab keine Möglichkeit des Entweichens durch Aufsuchen der relativ sicheren Brückentürme. Der Weg dorthin über den Laufsteg am Brückenbogen und an den anschließenden senkrechten Steigleitern hinunter hätte viel zu lange gedauert. Außerdem ging dies ohnehin nicht, denn es war unsere Aufgabe, die Brücke gegen Tieffliegerangriffe, die zum Beispiel den Bomberverbänden folgen könnten, zu schützen. Einmal mehr und jetzt ganz besonders fühlten wir uns den Angreifern wie auf einem Tablett präsentiert. Eine Situation, die sich jeder immer wieder ausgemalt hatte. Es war so, als ob man vom besten Platz aus die Vorbereitungen für das bevorstehende eigene Ableben ohne Einflussnahme mit ansah. Ein Blick zu den anderen zeigte, dass es keinen Anflug von Panik gab, sondern nur den Ausdruck von Hilflosigkeit. Es war im Grunde genommen egal, ob man stehend oder auf dem Boden liegend das Ende abwartete. Es gab keinen Schutz. Dennoch fanden wir uns plötzlich alle auf dem Bauch liegend auf dem Holzboden des Geschützstandes wieder. Offenbar eine Zwangshandlung, denn die ersten Bomberpulks, die für uns nicht mehr sichtbar in eine über uns befindliche Wolkenwand eingetaucht waren, hatten von ihrem Pfadfinder-Flugzeug offensichtlich ihr Abwurfsignal bekommen. Dies, als Nebel- bzw. Rauchzeichen aus den Wolken kommende Zielmarkierungszeichen zielte direkt auf uns. Das bäuchlings Liegen auf dem Holzdielenboden des Geschützstands war entmutigend, denn durch die Fugen zwischen den Dielen konnte man die etwa 25 m tiefer liegenden Gleise sehen. Dies rief sofort die Vorstellung der von uns am meisten gefürchteten Treffer hervor, nämlich die Explosion einer Bombe auf einem der Brückenbogengurte in unserer Nähe. Diese würde den ganzen Gefechtsstand aus seiner Verankerung reißen und ihn auf die Gleise stürzen lassen. Ein Volltreffer dagegen wäre eine kurze tödliche Angelegenheit. Dies alles konnte man sich noch vor Augen führen, obwohl das Rauschen der fallenden Bomben bereits deutlich zunehmend zu hören war. Und plötzlich trat Stille ein. Eine Stille, die wir vor Wochen im Physikunterricht bei Durchnahme der Fallgesetze ermittelt haben, dass sie eintreten muss, wenn die Geschwindigkeit der fallenden Bomben die Schallgeschwindigkeit überschreitet, weil sie von entsprechend hoch fliegenden Flugzeugen abgeworfen werden.

Oder war es nur eine Sinnestäuschung, weil angesichts dessen, was dann plötzlich an Detonationskrach eintrat das vorangegangene Rauschen aus der Wahrnehmung nachträglich ausgeblendet hatte. Das Detonieren einer so großen Zahl von Bomben verursachte Schmerzen in den Ohren und Druck im Kopf. Die Brückenteile und offenbar die sie tragenden Brückentürme besonders, wurden durch die Explosionswirkung der in ihrem Umfeld explodierenden Bomben derart abrupt angestoßen, dass man das Gefühl hatte, dass der Boden des Geschützstandes unter einem seitlich fortgerissen wurde. Man suchte Halt, fand aber keinen. Dann gab es plötzlich eine derartige Steigerung der Detonationswucht mit noch stärkeren Anstößen und Schwingen der gesamten Brücke, was von Einschlägen wesentlich größerer Bomben verursacht wurde. Der Detonationslärm und die Bewegungen des Geschützstandes waren unbeschreiblich, zu dem war plötzlich alles in grau eingehüllt. Von einem gewissen Zeitpunkt an spielten offensichtlich die Sinne nicht mehr mit. Es schien, als ob man nur ein unbeteiligter Beobachter des Geschehens sei.

Dieser Zustand endete mit drei außerordentlich heftigeren Explosionen ganz in der Nähe. Dann war es still. Man wollte reflexartig hoch. Dies wurde abrupt unterbrochen von einem Ereignis, an das man nie gedacht hatte. Noch im Ansatz des Aufstehens begriffen, bekam ich einen Schlag auf den Rücken, der mich wieder platt auf den Boden presste und dann weitere, zwar mit geringerer und abnehmender Gewalt am Helm, an den Beinen und am Rücken folgten. Es war in der Umgebung ein ständig klatschendes Geräusch vermischt mit Aufschlaggeräuschen von harten Gegenständen zu vernehmen. Es dauerte etwas, bis wir begriffen hatten, dass es sich um von den letzten wuchtigen Explosionen von der unter uns befindlichen „Diamant-Insel" sehr hoch geschleudertes, wieder herab fallendes Erdreich vermischt mit Steinen handelte. Wir und unser ganzer Geschützstand waren mit grauem Schlamm überzogen, wie auch der Himmel und die Umgebung mit einem Grauschleier verhüllt waren, der uns keinen Blick hindurch gestattete. Dies war wohl auch umgekehrt so, denn sogleich kam nämlich über die Sprechanlage die Anfrage: „Drittes Geschütz, seid ihr noch da?".

Wir waren es noch, wenn auch mit erheblichem Glück, weil eine der größeren Bomben mit nur etwa 5 m wie weitere mit wenig mehr Abstand am äußeren Brückenbogengurt vorbeigegangen ist und in den Boden, der unter uns liegenden Diamant-Insel eingeschlagen war. Das von uns am meisten gefürchtete Trefferereignis des Aufschlags mit Explosion auf einem Brückenbogengurt war somit, wenn auch knapp verfehlt, nicht eingetreten. Durch die Explosionswucht ist zwar der auf der Gleisebene befindliche Laufsteg auf größerer Länge weggerissen worden, so dass auch die Stelle zum Anhängen unserer Bedarfsmittel an die Seilwinde nicht mehr zugänglich war, wie auch am äußeren Gleiskörper die Gleise beschädigt und bei diesem wie bei dem nächsten eine Anzahl der Gleisschwellen fehlten, aber insgesamt waren somit nur schnell zu reparierende „Kleinschäden" eingetreten. Weitere Einschlagtrichter größerer Bomben waren bis zum Umkreis von 50 m Radius mit weiteren Einschlagtrichtern von mehreren kleineren Bomben von unserem Stand entfernt auf der Insel unter uns zu verzeichnen. Über die Zahl und die Nähe zur Brücke von im Fluss detonierten Bomben konnte allerdings nichts gesagt werden. Aus später zugänglichen, nach diesem Angriff gemachten Luftbildaufnahmen, ist zu ersehen, dass diese, gemessen an der Zahl der dort sichtbaren Einschläge an beiden Ufern, es doch auch viele gewesen sein müssen. Umso mehr ist es verwunderlich - sehr zu unserem Glück - dass so wenige Beschädigungen eingetreten sind. Denn von den drei weiteren Brückenbogensegmenten, die den Fluss überspannten, wiesen nur zwei je einen glatten Bombendurchschlag durch den Gleiskörper mit geringen Beschädigungen auf. An einigen weiteren Stellen waren noch geringfügige Schäden an der Holzbeplankung in Gleis- und Laufstegebene zu verzeichnen, herrührend von im Wasser explodierten Bomben. Es war noch tagelang unter uns ein Diskussionsthema, dass mit so viel Einsatz von Flugzeugen und Bomben so wenig erreicht worden ist. Dies führte unsererseits zum Schluss, dass es wohl doch nicht so einfach sei, die Brücke zu zerstören, wobei sicherlich eine Portion Zweckoptimismus zu unserer eigenen Beruhigung im Spiel war.

Obwohl nun vor allen Arbeiten von Stunden lagen zur Reinigung des Geschützes und des gesamten Standes und möglicherweise noch Teile am Geschütz ausgewechselt werden mussten, so dass jede Hand hierzu willkommen gewesen wäre, um wieder einsatzbereit zu sein, regte sich kein Widerspruch gegen meinen freien Nachmittag. Zuvor musste ich allerdings meine so voreilig angezogene Ausgehmontur noch reinigen, was teilweise gelang. Den Rest deckte der Ausgehmantel ab. Wegen der in der Umgebung getroffenen öffentlichen Verkehrsanlagen und -wege ruhte hier der Verkehr noch. Fußmarsch bis zur „heilen" Welt war angesagt. Dies glücklicherweise ohne weiteren Aufenthalt. Denn es kam nach solchen Angriffen auch vor, dass alles was Uniform trug „vereinnahmt" wurde, um wegen der gebotenen Eile Verschüttete aus zerstörten Gebäuden zu bergen oder auch leichtere Trümmer von den Straßen zu räumen, um den Weg für Rettungsdienste freizumachen und den Verkehr schnell wieder zum Laufen zu bringen. So ganz uneigennützig war das Verhalten der am Geschütz Zurückbleibenden nicht, denn jeder wusste, dass ich derzeit keine Anlaufstelle in Hamburg hatte, weil unsere Wohnung mit Ausgebombten belegt war, und ich so Verwandte besuchen würde, die eine Landstelle hatten und die mir immer irgendetwas Essbares mitgaben, woran alle teil hatten. Essen war eben eines unserer Hauptanliegen und dafür steckten die anderen die auf sie entfallenden Mehrarbeiten weg. Das Leben ging weiter. Im Übrigen hatte jeder das ganze Geschehen zuerst einmal für sich zu „verdauen". Als ich abends in die Stellung zurückkehrte, waren die Reparaturarbeiten an der Brücke in vollem Gange. Nachts passierten bereits die ersten Züge im Schritttempo und dann am Tag wieder im normalen Betriebstempo die getroffenen Bereiche. Wir hatten somit den uns so „liebgewordenen" Lärm und das Rütteln und Schütteln unseres Quartiers mit allen Teilen darin wirklich nicht lange zu „entbehren". Ein beträchtlicher Teil der abgeworfenen Bomben waren Blindgänger, etwa 10%. Besonders im Bereich des Batteriegefechtsstandes gab es davon mehrere, wie sicherlich auch im Flussgrund und in schlammigen Gebieten, wo ihre Einschlaglöcher aber nicht sichtbar waren. Einige lagen im Bereich des Hauptzuweges zum Batteriegefechtsstand. Sie mussten sofort geräumt werden. Hierzu war tags darauf ein Suchtrupp zur Stelle. Vier Strafgefangene aus Fuhlsbüttel und ein Uniformierter jenseits des wehrpflichtigen Alters mit Gewehr als Aufpasser. Mit dem Gewehr hätte er nicht viel ausrichten und jemandem Respekt einflößen können, das sahen wir. Es war nämlich genau so eines, wie wir in unserer Ausrüstung hatten, viel zu lang und unhandlich. Es schien auch, dass er sich eher vor den Gefangenen fürchtete als umgekehrt. Aber am allerwenigsten schienen sie sich offenbar alle vor Blindgängern zu fürchten. Während zwei Mann mit Schaufel und Spaten das Einschlagloch tiefer gruben, um das Objekt zu finden, stand er unentwegt am Rande des Loches und sah zu. Die anderen beiden Gefangenen saßen als Ablösung auf einer Bank, nur wenige Meter davon entfernt. Als wir morgens im Vorbeigehen - wir mussten mit Beginn des Winters in beheizbare Räume nach Kirchdorf zum Unterricht - über den Rand des Loches guckten , waren sie bereits 2 m tief in den weichen Boden vorgedrungen. Als wir wieder zurückkamen, hatten sie die Bombe von 250 lbs .Gewicht in knapp 3 m Tiefe zum Entschärfen freigelegt. Sie waren bereits bei einer unweit entfernten anderen Einschlagstelle am Graben. Der Aufpasser war redselig. Er sei sozusagen als letztes Aufgebot rekrutiert und zu dieser gefährlichen Aufgabe eingeteilt worden. Er hoffte, dass dies das letzte Mal gewesen sei. Bezüglich der Strafgefangenen meinte er, dass sie sich Straferlass von ihrem Einsatz erhofften. Bald war auch unser Laufsteg wieder repariert, so dass wir nicht mehr die befahrenen Gleisanlagen benutzen mussten, um zu unseren Zielen zu gelangen und vor allem konnten wir wieder unsere unentbehrliche Lastwinde benutzen. Also alles im Lot. Mitnichten!

Probleme

Es erfolgten bei uns auch Wechsel der verantwortlichen Geschützführer, was in Einzelfällen zu Problemen führte. In einem Fall begab sich dieser, immer, wenn größere Bomberverbände gemeldet worden waren und sich Hamburg näherten, unter einem Vorwand in den „sicheren" Brückenturm. Er kam vor Alarm Ende nicht wieder zurück. Wir konnten in unserer jugendlichen Unbekümmertheit gegenüber Gefahren und deren volle Auswirkung diese Verhaltensweise nicht immer verstehen. Unser Dilemma war, dass wir dies hätten melden müssen, wodurch ihm ernsthafte Konsequenzen drohten, wenn dies zum Beispiel als Desertation ausgelegt würde, was natürlich keiner wollte. Wie weit diese Konsequenzen reichten, war mir persönlich besonders deutlich. Es war nämlich gerade ein Jahr her, als bei den Angriffen Ende Juli / Anfang August 1943 Hamburg zum größten Teil zerstört wurde. Allein in nur einer Nacht kamen über 30.000 und insgesamt noch etwa 10000 mehr Menschen dabei um. Mein Onkel, ein Bruder meines Vaters, war als Wehrmachtsangehöriger gerade auf Urlaub. Angesichts dieser Katastrophe meinte er, wie übrigens viele meinten, dass könne nur das bevorstehende Ende des Krieges sein. Er kehrte daher nicht zu seiner Truppe zurück. Eine Woche später wurde er gestellt und sogleich zum Tode verurteilt. Das Urteil wurde am nächsten Tag vollstreckt. – Die andere Seite unseres Dilemmas war, dass uns bei Nichtmeldung dieses Verhaltens ebenfalls Konsequenzen drohten, zum Beispiel wegen der Deckung eines die Wehrkraft zersetzenden Verhaltens. Unsere Schwierigkeit war, dass, wenn der Geschützführer am Telefon verlangt wurde, wir bei der gegebenen Alarmsituation nicht sagen konnten, er sei nicht erreichbar oder nicht zu häufig vortäuschen konnten, die Verbindung sei gestört etc. Günstigerweise wurde er bald versetzt. Es kam ein neuer Geschützführer Obergefreiter O.T., Stalingradkämpfer, hoch dekoriert, war schwer verwundet im letzten Moment dort noch ausgeflogen worden. Nach längerem Lazarettaufenthalt war er erstmals bei uns wieder im Einsatz. Er kam, sah sich sehr genau den Geschützstand an und Bombentrichter in der Umgebung. Und besah die kürzlich und früher reparierten Schäden an getroffenen Stellen der Brücke, verweilte längere Zeit im Brückenturm und verkündete kurz und knapp, dass er sich bei Alarmen in den Brückenturm begeben werde, denn (wörtlich) „er sei nicht aus Stalingrad herausgekommen, um hier zu verrecken". Für uns hatte sich die Situation somit nicht geändert. Dies allerdings nicht für lange Zeit, weil er nach kurzer Zeit versetzt wurde; möglicherweise im Zusammenhang mit seiner Verwundung und der Beschwerlichkeit des Aufstiegs zum Geschütz. Das Verhalten der „älteren Leute" hat uns sehr und lange beschäftigt. An Mut konnte es bei ihm nicht gefehlt haben, denn die unteren Dienstgrade müssen sich solche Auszeichnungen, wie er sie hatte, tatsächlich verdienen. Offensichtlich schätzten sie die Gefahren auf diesem Posten noch ganz anders und realistischer ein als wir.

11. und 12. November 1944 - Schlimme Zufälle

Es war Nachtalarm und es waren nur wenige feindliche Maschinen in unserem Bereich. Eigentlich konnte man nur eine hören. Es fiel nur eine Bombe mittlerer Größe in unserer Umgebung. Sie traf die Ecke einer Unterkunftsbaracke des Gefechtsstandes „Autobahnbrücke". Hier befand sich deren Telefonstelle und darin saß der Telefonist Obergefreiter St. Die anderen waren an den Geschützen, bis auf Luftwaffenhelfer H. Sch.. Es gab nichts mehr zu bergen. In der Dunkelheit war vom Obergefreiten St. nichts mehr zu finden. Gefunden wurde allerdings noch unser Mitschüler, Luftwaffenhelfer H.Sch.. Er war krank und hat am anderen Ende der Baracke im Bett gelegen, als sie zusammenfiel. Er wurde unversehrt geborgen. Bei Anbruch des Tages wurde weiter gesucht, auch nach seiner Erkennungsmarke, aber außer einem Finger mit einem langen Knochen daran wurde kaum etwas Größeres im zum Teil feuchten, weichen

Elbvorland gefunden. Die Suche wurde bald abgebrochen. Der Schulunterricht fing eine Stunde später an. H.Sch. bekam Sonderurlaub, wurde für einige Wochen nach Dänemark zur Erholung geschickt und anschließend aus dem Dienst entlassen. Diesem außerordentlichen tödlichen Zufallsereignis folgte wenig später eine kaum vorstellbar schlimme weitere Zufallsbegebenheit. Wir hatten bereits einige Zeit „Feuerbereitschaft" als um die Mittagszeit klar wurde, dass sich mehr als 200 Bomber Hamburg näherten. Es begann eine Flächenbombardierung wiederum auf Gebiete südlich der Süderelbe. Unter anderem war die Firma Thörl, unseres Wissens, Hersteller von Chemieprodukten, getroffen worden. Gebäude standen in Flammen unter starker Rauchentwicklung. Auf ihrem Gelände bei diesen Gebäuden stand auch ein etwa 30 m hoher Fabrikschornstein. An diesem hatte sich ein Fallschirm verfangen, übergestülpt über die Spitze und etwa 10 m tiefer direkt über dem Brandgeschehen hing das Besatzungsmitglied eines abgeschossenen Bombers. Wir wünschten ihm angesichts dieser Situation, dass er dort nicht mehr lebend hingekommen sei, und es sprach etwas dafür, denn andernfalls hätte er den Fallschirm steuern können, um diesem außerordentlichen Zufall der Landung dort zu entgehen. Auch schien es durch das Fernglas so, als ob eine leblose Gestalt dort hinge. Der Rauch versperrte zunehmend die Sicht. Außerdem wurden wir ziemlich plötzlich in unsere eigene Wirklichkeit zurückgeführt. Bombeneinschläge kamen immer näher. Sie pflügten unter anderem den Gebäudebestand südwestlich von uns um. Dachteile von Häusern hoben sich und versanken in den unter ihnen in einer Staubwolke zerberstenden Gebäuden. Die Einschläge waren schließlich nur noch ca. 400 m Luftlinie von uns entfernt, als sie dort auslaufend bei der New York - Hamburger Gummiwarenfabrik einschlugen. Dies war aus unserem Panorama-Überblick alles gut zu verfolgen, wie auch schließlich zu unserer Erleichterung, dass keine weiteren Pulks mehr im Anflug und gemeldet waren, so dass wir verschont blieben. Als später die Rauchentwicklung abgeklungen war, war vom Fallschirm am Thörl-Schornstein nichts mehr zu sehen. Dieses Schicksal hat uns, obwohl das eines Feindes, ziemlich berührt. Es war jedoch nichts weiter darüber in Erfahrung zu bringen.

Sperrfeuer - Das Risiko

Wenige Tage später war nachts wiederum der Einflug weniger Maschinen gemeldet. Etwas passte dazu jedoch nicht. Es wurde nämlich unverzüglich Bereitschaft zum Sperrfeuer angeordnet und sogleich „Feuer frei" für die schwere Flak befohlen und die Scheinwerfer fuhren suchend den Himmel über uns ab, jedoch ohne Erfolg. Es war auch kein Abwurf von Zielmarkierung-Leuchtkaskaden zu sehen. Im Grunde eine Munitionsverschwendung für wenige Ziele war unsere Empfindung. Wir, die leichte Flak, hatten keinen Feuerbefehl. Für uns aber bestand wegen der vielen Granatsplitter eine Gefährdung, denn der „Sperrfeuervorhang" befand sich fast über uns. Diese Splitter waren hier gefürchtet, weil viele mit einem metallisch harten bedrohlichen Geräusch auch auf die stählerne Brückenkonstruktion auftrafen und von dort als Querschläger unberechenbar in ihrer Richtung abprallten.

Aus den Erfahrungen der vergangenen Monate war uns inzwischen klar geworden, dass es bei Verwundungen unsererseits kaum, geschweige denn in gebotener Eile, eine Möglichkeit gab, den Verletzten wegzuschaffen. Weder der Weg hinab über den Brückenbogen und durch den steilen engen Turmschacht, noch das Abseilen mit unserer Winde, sie war hierfür überhaupt nicht ausgelegt, waren realistische Lösungen. Offensichtlich war diese Möglichkeit bei der Planung des Geschützstandes nicht überlegt worden. So gab es auch keine entsprechende Bergungsausrüstung. Zur Risikominderung galt stillschweigend, dass, wenn die Situation es erlaubte, nur einer oder zwei auf dem Geschützstand bleiben und die anderen zum Schutz vor Splittern sich im Vorraum zur Unterkunft bereithalten sollten. Zur Not konnte auch einer allein, bis die anderen hinzugekommen waren, eine erste Serie Sperrfeuer schießen, wenn das Geschossmagazin vorher schussbereit eingelegt worden war. Sehr plötzlich war ich allein am Geschütz. Die anderen waren gegangen mit der Bemerkung, dass ich ja der Dienstälteste an diesem Geschütz sei und somit wohl auch am besten klar kommen würde (in der Tat, ich war zwar der jüngste, aber mit 10 Monaten gegenüber 4 Monaten Dienstzeit der anderen, der dienstälteste Kanonier an diesem Geschütz, wenn denn das etwas heißen sollte). Man stellte mir noch baldige Ablösung in Aussicht und war verschwunden.

Es waren lange 15 Minuten, denn bei dem Höllenlärm des Sperrfeuers, das so lange dauerte und offensichtlich für sehr unterschiedliche Höhen angesetzt war, kamen die Granatsplitter wie aus dem Nichts. Man war ihnen ausgeliefert. Der Abschluss des Szenarios war der Abwurf von zwei Luftminen in der näheren Umgebung. Eine davon schlug in Richtung der Hobumwerke Harburg ein. Das Dach eines der Gebäude war nach unten abgeklappt. Glück im Unglück. Das auf diesem Dach stationierte Geschütz unserer Batterie war zum Einsatz an anderer Stelle kurz vorher abgerüstet worden.

Flugblätter

Nach vor vollständiger Aufhebung des Alarms mussten alle, die entbehrlich waren, zum Flugblätter einsammeln, damit sie nicht in die Hände der Bevölkerung gerieten. Der Besitz und die Verbreitung von aus feindlichen Flugzeugen abgeworfenen Flugblättern war unter Androhung hoher Strafen für alle verboten. Diese Flugblattabwürfe kamen immer häufiger vor. So mussten wir, statt uns schlafen zu legen, von der Brücke runter und die Umgebung absuchen. Dies einerseits zu unserem Missvergnügen, andererseits zur Befriedigung unserer Neugier. Diese Flugblätter berichteten detailliert über Vorgänge, die uns sonst nicht erreichten. So zum Beispiel Details vom Kriegsgeschehen an der Ostfront. Über Erfolge der Luftangriffe auf die deutschen Städte. Allerdings nicht über die zerstörten zivilen Objekte und die zivilen Opfer, aber sehr genau z.B. von in Hamburg getroffenen Industrieobjekten und die angerichteten Schäden im einzelnen, die für die Anwohner kontrollierbar waren und die bei einem Angriff tags zuvor erst verursacht worden waren. Der englische

Spionagedienst klappte offenbar vorzüglich. Aber auch solche Mitteilungen gab es: „Gestern ist „Bimbo der Tricktrommler" der Berliner Scala an der Ostfront gefallen".

Nahkampf - Lehrgang in Dänemark

Ziemlich überraschend für meinen Mitschüler D.H. und mich kam die Inmarschsetzung nach Padborg / Kollund Dänemark zu einem 14- tägigen „Nahkampf-Lehrgang" ohne Begründung und Erläuterung wieso und weshalb.

Es war uns dazu von irgendjemandem ein Tipp gegeben worden, dass man in Dänemark für silberne 5-Reichsmarkstücke alles an Lebensmitteln haben könnte. Ich konnte 7 Stück zusammenkratzen für alle Fälle. In Padborg / wurden wir zusammen mit anderen aus verschiedenen Bereichen der Flak in einem Hotel an der Förde einquartiert und mit einer sagenhaften Erbsensuppe empfangen - mehr Fleisch als Erbsen – so ging es auch weiter. Für uns ein Paradies, denn wir hatten zuletzt bereits wirklich schmale Rationen erhalten. Darunter auch Konservenbrot für U-Boote, das teils bereits jenseits der Grenze der Genießbarkeit war, aber als immer hungrige Heranwachsende aßen wir alles. Was den eigentlichen Zweck der Ausbildung anging, passierte durch einen gleich am Anfang eingetretenen Vorfall in praktischer Hinsicht nicht mehr viel. Es war vorgesehen, eine Stellung im Sturmangriff zu nehmen, die mit MGs verteidigt wurde. Die MGs waren altertümliche Fliegermaschinengewehre, die mit Übungsmunition schießen sollten. Irgendetwas ist dabei weiter abseits von uns schief gegangen. Es war jemand verletzt worden. Es fand eine Untersuchung statt, die sich hinzog und die Ausbilder in Anspruch nahm. So hatten wir eine gute Zeit mit gelegentlichem theoretischem Unterricht, wenigen praktischen Übungen und mit nächtlichem Wachdienst zur Bewachung unseres Unterkunfts-Hotels.

Die Sache mit den 5-Markstücken stimmte wirklich. Es war alles da, in Läden und bei den Bauern, und zwar zu fairen Preisen. Es war für uns eine Art Schlaraffenland. Damit war eine gute Vorrats-Basis gegeben für meinen Urlaub zum Weihnachtsfest 1944/45, erstmals wieder in unserer von Ausgebombten nunmehr freigewordenen Wohnung.

Bestätigung der Tätigkeit bei der Flak - Die Musterung

Zurückgekehrt aus Dänemark wurde mir das „Tätigkeitsabzeichen der „Flakartillerie" zuerkannt, was ursprünglich für die Flaksoldaten gedacht war, wie mir gelegentlich der Eintragung hierzu in meine Personalpapiere erläutert wurde, und zwar dies, wenn diese innerhalb einer gewissen Dienstzeit aktiv an einer Flakwaffe tätig gewesen sind. Eigentlich stand diese Zuerkennung im Widerspruch zu dem, wozu Luftwaffen-/Flakhelfer einberufen worden sind, nämlich Flaksoldaten für den Frontdienst freizusetzen. Sie sollten dazu vornehmlich zum Büro-, Telefon-, Melde- und Flugüberwachungsdienst eingesetzt werden. Doch mit Fortdauer des Krieges wurden sie zunehmend auch an Flakwaffen tätig und hatten an ihnen Feindbegegnungen zu bestehen So wurde diese Zuerkennung dann auch uns „Halbwüchsigen" zuteil.

Zu dieser Zeit wurden, wie zur Bestätigung der andauernden Tätigkeit an ihren Waffen, die Tag- und Nachtalarmbereitschaften wegen der weiter zunehmenden Luftüberlegenheit der englischen und amerikanischen Luftwaffe immer häufiger und immer länger, auch deshalb, weil die Bomberverbände immer tiefer in Deutschland bei abnehmender Luftabwehr eindringen konnten. Es gab vermehrt viele Durchflüge nach Kiel, Berlin, Hannover, Braunschweig, Magdeburg und tief nach Mitteldeutschland hinein, bei denen im Januar 1945 auch mein Großvater mütterlicherseits bei einem Angriff auf Magdeburg umkam. Natürlich bekam auch Hamburg davon etwas ab. Es gab hier jedoch nicht mehr so viele lohnende Ziele. Die Zerstörungen auch im Harburger Gebiet waren weit vorangeschritten. Allerdings waren für die Süderelbbrücke noch weitere Angriffe zu erwarten. Wir waren daher in ständiger Bereitschaft.

Es waren besonders Nächte, in denen man im Geschützstand auf einem Munitionskasten sitzend oder irgendwo angelehnt stehend sich schlafend ertappte, oder so am Vormittag in der Schule auf der Schulbank vom Lehrer ertappt wurde, was einen Eintrag ins Klassenbuch ergab, wie „…… schläft während des Unterrichts". Dies zielte aber mehr in die Richtung „Mensch reiß dich zusammen, die anderen sind auch müde", was jeder verstand, wenn man sich auch der Müdigkeit nicht immer erwehren konnte. Eine Auswirkung disziplinarischer Art oder auf das Zeugnis hatte dieser Eintrag jedenfalls nicht. In dieser Zeit wurden wir, d.h. die Luftwaffenhelfer, nach einer Musterung vor Militärärzten in der Sedankaserne in der Anzahl verringert. Die Älteren sollten zum regulären Wehrdienst. Mein Musterungsergebnis unter Aktenzeichen 29/i/136/7 war: „Bis 1.10.1945 zurückgestellt". Dass heißt, mit 16 3/4 Jahren hätte ich dann regulär zum Wehrdienst eingezogen werden können. Zur späteren Auswahl standen nur die Möglichkeiten, sich zu den Fallschirmjägern, zur Marine (U-Bootfahrer) oder zur Waffen-SS einberufen zu lassen. Wer keine Entscheidung träfe, würde von Amtswegen zu einer dieser Alternativen eingezogen.

Fünf von uns waren zuvor bereits unter Oberleutnant F. an die Ostfront verlegt worden. Dabei war mein Freund D.M. sowie die weiteren Mitschüler K.W., B.Z., G.Z. und G.B.

Der Schulabschluss

Inzwischen war auch der Termin für unsere Schulabschluss- Prüfung für Mitte März 1945 in der Schottmüllerstraße angesetzt. Ein Problem, weil kaum Möglichkeit zur erforderlichen Vorbereitung gegeben war, bei der immer höheren dienstlichen Tag- und Nacht-Inanspruchnahme und der einhergehenden Beanspruchungen. Nach der Prüfung sollten alle Luftwaffenhelfer der Jahrgänge 1927 und 1928 (inzwischen 18 und 17 Jahre alt) entlassen und soweit für tauglich befunden, dann zum Arbeitsdienst oder zur Wehrmacht eingezogen werden, was, um es vorauszuschicken, nicht mehr geschehen ist, wegen des nahen Kriegsendes. So verblieb als Luftwaffenhelfer nur noch der Jahrgang 1929 (inzwischen 16 Jahre alt) im Flakeinsatz in ihren Stellungen. Dies, obwohl es per Anordnung keine mehr geben sollte. Es betraf drei Mitschüler und mich. Die Prüfung fand tatsächlich statt. Sie sollte einen Tag dauern. Natur-, Raumlehre und Mathematik waren mündlich bereits durch als mitten in der Deutschprüfung bei der Interpretation der „Minna von Barnhelm" für die Bevölkerung Voralarm gegeben wurde und somit unter Verzicht auf Geschichte, Englisch sowie Erd- und Lebenskunde die Prüfung beendet war. Alle, denn es ging hier nur noch um Zeugnisnotenanpassungen, haben bestanden, wurden aber mit dem Rat entlassen, fehlende Bildung später nachzuholen. Bald darauf ertönten die Sirenen zum Vollalarm, so dass ich statt zur Stippvisite nach Hause zu gehen, gleich weiter zu „unserem Hochbunker Alardusstraße" ging. Es war wie in den Zeiten zuvor, wo wir bei Tag und Nacht, meine Mutter, meine beiden Brüder und ich, mit unserem Notgepäck manchmal mehrmals diesen 7-Minuten-Weg von zu Hause im Trab zurückgelegt haben und dort Stammplätze hatten. Hinter diesen dicken Betonmauern konnte man sich für meine jetzigen Begriffe richtig sicher und „wohl fühlen". Für mich war dieser Tag das Ende eines andauernden Schulwechsels. Innerhalb von 4 1/2 Jahren musste ich aus Gründen der Evakuierungen und Rückkehr von daher sowie wegen des Flakdienstes 9 mal die Schule wechseln, zum Teil in Volksschulen auf dem Lande, bei denen die Klassen 1 bis 8 in einem Raum von einem Lehrer unterrichtet wurden. Der aufzuholende Ausbildungsrückstand bei Rückkehr in meine Stammklasse war beträchtlich. Ich musste dabei eine Klasse überspringen. Obwohl das Verhältnis Schüler-Lehrer nicht immer das Harmonischste ist, kann aus den Erfahrungen mit diesen verschiedenen Schulen den Lehrern nur mit Respekt begegnet werden, und zwar

- den älteren Dorfschullehrern, die Jüngeren waren zum Militär eingezogen, die als Ein-Mann-Unternehmen bei bis zu acht Klassen in einem Raum für jede Bildungsstufe ausreichend Stoff und nutzbringende Lernbeschäftigung sorgten,
- den Lehrern, die mit ihren Klassen aus den von Bombenangriffen gefährdeten Städten evakuiert worden waren und die nach Großangriffen auf die jeweiligen Heimatstädte den betroffenen 12 bis 15- jährigen Schülern beibringen mussten, dass ihre Mutter, Geschwister oder gar die ganze übrige Familie umgekommen oder vermisst seien und sie kein zu

Hause mehr hatten. Sie sorgten dafür, dass die Betroffenen vor Ort blieben, bis Lösungen gefunden waren. Dies, obwohl mancher von ihnen selbst Betroffener war und - den Lehrern, die ihre Schüler auch in ihren Stellungen aufsuchten und unterrichteten, wenn diese als Luftwaffenhelfer eingezogen worden waren und die bei Alarmsituationen in den ihnen zugewiesenen, oft dürftigen Schutzunterständen ausharren mussten, bis zur Entwarnung, weil sie von dort nicht mehr weggekommen sind, denn Zivilisten war bei Alarm der Aufenthalt in der Öffentlichkeit verboten.

Am Tag nach der Prüfung begann der Dienst in der Stellung wieder. An einem der nächsten Tage konnten wir eine Premiere miterleben, die unsere „Daseinsberechtigung" und die unserer Waffe vollkommen in Frage stellte.

Ein Phantom in der Luft

Es war Alarmbereitschaft. Wir standen bereits früh am Morgen an unseren Geschützen. Das Wetter war diesig und es gab noch keine Feindmeldung, als plötzlich ein nie gehörtes zischendes Geräusch den Luftraum erfüllte, aber auch begünstigt durch das Wetter kein verursachender Gegenstand auszumachen war, sich aber deutlich ein Gegenstand in der Luft befinden musste, der sich mehrfach an unserem Gefechtsstand westlich und östlich vorbeibewegte. Immer wenn man in Richtung „Geräusch" sah, war dort nichts zu sehen. Somit war an ein Auffassen des „Phantoms" zur Bekämpfung nicht zu denken. Ein beklemmendes Gefühl. Aus der Ringsprechanlage war zu entnehmen, dass allgemeine Ratlosigkeit herrschte, und alle vom Batteriegefechtsstand wissen wollten, was los sei. Schließlich die Lösung: Es war keine Feindmaschine, sondern eine brandneue deutsche Entwicklung, nämlich das Strahlflugzeug Messerschmidt 262, das nahe an der Schallgeschwindigkeit flog, dessen Einsatz jedoch nicht angemeldet worden war. Es war uns klar, dass man solch ein Flugzeug aufgrund seiner hohen Geschwindigkeit mit unseren Mitteln nicht mehr erfassen konnte, wenn es der Gegner auch hätte. Eine deprimierende Angelegenheit.

Vorbereitung zur Sprengung der Brücke

Inzwischen war der Vormarsch der alliierten Truppen in Deutschland erheblich vorangegangen und an einem der nächsten Tage rückten Pioniere an und brachten Sprengladungen an den Brückentürmen eben oberhalb der Wasserfläche an, damit durch Sprengung das Übersetzen des Gegners verhindert werde.

Das war uns bei allen Gefahren, mit denen wir hier zurechtkommen mussten, dann doch zu viel, nunmehr auch noch sozusagen auf ein „Pulverfass" gesetzt zu werden Keiner konnte bei einem chaotischen Rückzug Gewähr dafür geben, dass nicht irgend jemand von irgendwoher den Befehl zur Sprengung gibt, ohne sich zu vergewissern, wenn er überhaupt noch Zeit dazu hat, ob wir noch oben sind oder nicht. Von den die Sprengladungen installierenden Pionieren, konnten wir auch nicht erfahren, welche Befehlsstelle zuständig war. Als ob wir Gehör gefunden hätten, kam bald darauf der Befehl, die Stellung zu räumen. Rückblickend auf die lange Stationierung von rund 400 Tagen auf dieser Brücke und die dort erfahrenen Begebenheiten, kann man sagen, dass es vom militärischen Standpunkt aus bei Kriegsanfang wohl richtig gewesen sein mag, Geschütze auf einem so exponierten Ort vorzusehen. Denn zu der Zeit rechnete man sicherlich mehr damit, dass nur einzelne oder wenige Flugzeuge zur Zerstörung dieses strategisch wichtigen Zieles im Tief- oder Sturzflug angesetzt werden würden. Hierzu war die Stationierung von Geschützen im Zentrum des Zieles für die Angreifer wohl eine bedrohliche, wenn auch ebenso für die Bedienungsmannschaft bereits eine gefährliche

Sache. Sobald sich im Kriegsverlauf die Angriffstechnik mehr dahingehend änderte, mit einer Vielzahl von Flugzeugen Flächenbombardements aus großer Höhe vorzunehmen, war die Stationierung dort nur noch sehr eingeschränkt richtig und höchst lebensbedrohlich geworden, wenngleich sie ihre abschreckende Wirkung für das, wofür sie gedacht war, gegen Tieffliegerangriffe, nicht verloren hatte, aber immer mehr zum Himmelfahrtskommando wurde. Das war die Lehre aus den Erlebnissen auf diesem Posten aus den seit Februar 1944 bis etwa Ende März 1945 erfolgten ca. 50 größeren Angriffen auf den Hamburger Raum zusammen mit den weiteren kleineren Angriffen in unserem unmittelbaren Luftabwehrbereich. Diese Lehre haben die Älteren an unserem Geschütz aufgrund ihrer Lebenserfahrung sicherlich schneller begriffen als wir, woraus auch die zuvor geschilderten Verhaltensweisen sich erklären. Beim Gegner, den Engländern, waren offensichtlich gerade diese beiden Flakstellungen bekannt und respektiert. Sie stellten daher bei einer ersten Verhandlung am Kriegsende mit deutschen Parlamentären für ihr Entgegenkommen zu deren Wünschen bezüglich der Verschonung eines in der Nähe des Harburger Bahnhofs gelegenen Lazaretts vor Artilleriebeschuss nur eine einzige Gegenforderung, nämlich die Entfernung dieser Flakstellungen, deren Bedienungsmannschaften, was sie sicherlich nicht wussten, aus 15- bis 17 Jahre alten Jungen bestanden hat. (Quelle: Europäische Hochschulschriften, Reihe III, Geschichte und ihre Hilfswissenschaften, Seite 88). Es blieb bei uns am Ende ein befriedigendes Gefühl, am Erhalt dieses Objektes beigetragen zu haben, und zwar dies besonders, weil zuletzt Tag und Nacht mit erschöpften Ostflüchtlingen überfüllte Züge über diese Brücke rollten, um sie rasch auf westliche und südliche Gebiete Deutschlands zu verteilen, um so das größte Flüchtlings-Chaos in Schleswig-Holstein und Hamburg mangels Unterkunft und Verpflegung zu vermeiden. Auch unmittelbar nach dem Krieg war ihre Unversehrtheit günstig, weil andernfalls durch ihr Fehlen die schlechte Versorgungslage der Bevölkerung noch angespannter gewesen wäre.

Die Autobahnbrücke - Anmarsch mit Glück

Wir wurden auf die Geschützstände Autobahnbrücke „Nord" und „Süd" aufgeteilt, weil diese wegen der Entlassung der älteren Luftwaffenhelfer zu schwach besetzt waren. Dies wurde uns im Batteriegefechtsstand mitgeteilt. Bei dieser gab es bei ihrer möglichen Sprengung für uns keine Probleme. Die Geschützstände lagen ebenerdig an beiden Uferseiten und nicht auf der Brücke selbst. Bevor wir nun dorthin mit unserer gesamten Ausrüstung losziehen wollten, drückte uns der Koch noch die Mitnahme des Essenkübels für die dortige Mannschaft auf, weil wegen Voralarmstufe „Seeadler" von dort keiner entbehrlich war, das Essen zu holen. Wir waren zu faul, mit all dem beladen wieder zurück über „unsere" Brücke am Südufer dahin zu gehen. Das war ein Fehler. Mangels Wegen brauchten wir über Stock und Stein auf der Nordseite viel mehr Zeit. Inzwischen gab es ein heftiges Flakabwehrfeuer aus dem unmittelbaren Umfeld, weil einige feindliche Maschinen aufgetaucht waren. Hierbei wuchs einmal mehr der Respekt vor den Granatsplittern. Im neuen Quartier angekommen wies meine Aktentasche, die an einem Riemen über meine Schulter nach vorn gehangen hatte, ein Loch auf und die Bücher darin auch. In der ebenfalls darin befindlichen Stahl Kartoffelreibe, ein viel gebrauchtes Gerät für die Kartoffelpufferherstellung, steckte ein Granatsplitter und ein weiterer fand sich später noch an im voluminösen Luftwaffen-Rucksack steckend. Glück gehabt! Die beiden Gefechtsstände an diesem Ort waren mit Geschützen, Kaliber 3,7 cm, bestückt, mit denen wir noch nicht umgegangen waren. Der Bedienungsunterschied war nicht so groß. Nach einigen Tagen intensiven Übens war man zufrieden mit unserem Umgang damit. Sehr sympathisch an dieser Stellung war für uns, dass jeder sein eigenes Deckungsloch zum Schutz bei „Hochangriffen" hatte, denn es gab von Ende März bis Mitte April 1945 fast täglich, manchmal auch zweimal täglich, etwa 15 heftigere Angriffe auf Hamburg. An jedem der beiden Geschütze waren auch russische Hilfswillige (Angehörige der Wlassow-Armee ?) stationiert. Diese waren eigentlich ebenso wie wir zur Geschützbedienung vorgesehen. Dazu ist es jedoch nicht gekommen. Wahrscheinlich, weil ihre Sprachkenntnisse zur technischen Ausbildung und zur Befehlsentgegennahme im Gefechtsfalle zu gering waren. So waren sie vornehmlich mit Arbeiten im Umfeld der Geschütze, der Anlagen und Quartiere zur Pflege und Wartung befasst. Es waren naturverbundene Leute. Sie hatten unsere uneingeschränkte Bewunderung dafür, dass sie es immer wieder schafften, aus Feld, Wiese und Wasser Essbares zur Aufbesserung ihrer täglichen Rationen hervorzubringen, was uns nie gelang.

In dieser Stellung erlebten wir zwei direkte Angriffe. Einer hatte u.a. offensichtlich zum Ziel, die Betonfahrbahn der Autobahn auf langer Strecke zu zerstören. Bombenabwürfe von unserer Stellung in Richtung Hamburg richteten entsprechende Schäden auf den Fahrbahnen an, soweit sie nicht oder links und rechts ins Gelände danebengegangen waren. Es war wieder einmal „mein Tag", an dem ich nachmittags Ausgang hatte. Dazu war ich hier auf die Mitfahrt auf Lkw oder Pkw angewiesen. Die konnten jedoch wegen der Fahrbahnbeschädigungen nicht fahren. Zum Glück kam ein Kradmelder vorbei, dessen leichtes Krad eine Art Notsitz hatte, und nahm mich mit. Er fuhr wie der Teufel um die Bombentrichter herum oder wo es auf der Straße nicht mehr weiterging im Gelände daneben. Ich hatte Not mich auf dem Sitz zu halten und jeder Stoß kam „durch". Beim Absteigen konnte ich kaum gehen und war froh im Zug zu sitzen Richtung Moorfleet zum Besuch der dortigen Verwandten. Es war immer wieder ein trostloses Bild durch diese Trümmergebiete zu fahren. Weit und breit beiderseits der Bahn nur Trümmer, stehen gebliebene Hausfassadenteile und durch die Trümmerberge eingeengte menschenleere Straßen ohne Bürgersteige. Das Grab von Tausenden. Im Bahnhof Rothenburgsort, oder besser bei den dort noch verbliebenen Bahnsteigen, stieg in diesem einst so bevölkerungsreichen Bezirk keiner aus noch ein und in „Tiefstack" war es kaum anders. Der Bahnverkehr rollte jedoch pünktlich nach Fahrplan. Denn es galt immer noch die mit vielen Plakaten verkündete Parole „Räder müssen rollen für den Sieg"

Karfreitag 1945 - Zeitzünderbomben oder nicht?

Es war der Einflug schwerer Bomber gemeldet in unbekannter Zahl. Bald wurde auch deren Spitze gesichtet, die offenbar Ziele im Hafengebiet und südlich Richtung Harburg anflogen. Dabei wurde die Raffinerie „Eurotank" am Neuen Petroleumhafen durch Flächenbombardements fast vollständig zerstört. Hier überlebte an diesem Tag als Kind meine Ehefrau in einem Werksbunker. Die Wohnung ihrer Eltern, eine Werkswohnung auf dem Raffineriegelände, war zerstört. Aber auch wir wurden bedacht. Bombenteppiche überrollten die Brücke und die nach Norden führende Autobahn sowie unseren Gefechtsstand quer von West nach Ost. Bei einigen nächsten Einschlägen von etwa 30 m beiderseits der Autobahnstrecke und unserem Gefechtsstand hat sich jedoch kein Volltreffer ergeben. Auch war keines der im Umfeld des Gefechtsstandes verteilten Deckungslöcher getroffen worden, in denen wir Schutz gesucht hatten. Dies, weil die Anflughöhe der Bomberverbände weit höher war als wir mit unserem 3,7 cm – Geschütz schießen konnten, so dass wir vorübergehend entbehrlich waren. Es war wieder einmal wie ein Wunder, dass wir unversehrt davongekommen waren. Zunächst war alles erst einmal in einen feuchten, trüben Dreckschleier aus Einschlägen im Feuchtgelände der Umgebung gehüllt. Ein Problem ergab sich anschließend aber doch noch dabei, weil es nach den erfolgten Explosionen der Teppichabwürfe noch einige „Nachläufer-Explosionen" gab. Da zu der Zeit auch vermehrt Zeitzünder-Bomben abgeworfen worden sind - es ist auch davor gewarnt worden -, wusste man nicht, ob unter den abgeworfenen Bomben möglicherweise solche waren, die mit nur sehr kurzer Zeitverzögerung explodieren sollten. Auf jeden Fall hatte man zum einen eine Zeit lang wegen des „getrübten" Blickes nach oben, die Unsicherheit, „ob da wohl noch etwas von oben kommt". Denn Motorengeräusche von Flugzeugen waren noch zu hören, jedoch brauchte man nach dem vorangegangenen Explosionslärm eine Weile, um Geräusche einordnen zu können, ob es sich um Anflug oder Abflug handelte. Es fehlte hier der „großartige" Rundum-Überblick der luftigen Höhe, wie wir ihn auf der Eisenbahnbrücke hatten. Zum anderen war man wegen der „Nachläufer Explosionen" unsicher, ob man schon aus dem Erdloch rauskommen sollte oder ob noch weitere solcher Explosionen zu erwarten sind. Während dieses Zweifels tönte aus dem Lautsprecher des Geschützstands eine forsche Stimme aus dem etwa 2km entfernten Batteriegefechtsstand mit der sich mit wachsender Ungeduld wiederholenden Anfrage, ob wir „feuerbereit" seien, aber keiner antwortete, denn es war keiner da. Es war aus unserer Sicht auch kein Anlass dazu ersichtlich. Alle verharrten offensichtlich mit denselben Zweifeln noch weiterhin abwartend in den umliegenden Erdlöchern. Dies, um es vorwegzunehmen, war für mich ein „milder" Vorgeschmack dessen, was drei Wochen später geschah.

20 April 1945 - Stellungswechsel zur Großbatterie Neuland – Lebend davongekommen.

In der Nacht vom 19. auf den 20.04.1945 sind unsere beiden 3,7 cm Geschütze abgebaut und zu vorbereiteten Geschützständen in der Groß-Batterie „Neuland", etwa 2 km entfernt, gebracht worden. Wir sollten hier den Schutz gegen Tieffliegerangriffe ausführen, die im Harburger Umfeld intensiver geworden waren.

Morgens bei Aufbruch aus unserer bisherigen zur neuen Stellung war ein Flugzeugmotorengeräusch aus allernächster Nähe zu hören, jedoch nichts zu sehen. Es musste sich um eine sehr langsam fliegende, praktisch am Ort verharrende Maschine handeln Solche Eigenschaft hatte nur der Flugzeugtyp „Fieseler Storch". Es gab jedoch keine Meldung über Flugbewegungen in unserem Luftraum.

Als der Morgennebel kurzzeitig aufriss, bestätigte sich diese Vermutung. Nur hatte diese Maschine kein Hoheitszeichen zur Unterscheidung ob Freund oder Feind. Ein klarer Fall für einen sofortigen Abschuss, nur unsere Geschütze waren nicht mehr da. Die Maschine wäre sogar mit Gewehrfeuer zu erreichen gewesen, jedoch nicht mit unseren belgischen Gewehren, deren Gebrauchszustand mangelhaft war. Also fassten wir unser Gepäck und setzten uns zu unserer neuen Stellung in Bewegung. Dies mit dem unguten Gefühl, dass es sich wahrscheinlich m ein von den Engländern erbeutetes Flugzeug handelte, das nun von ihnen als Beobachtungsflugzeug für ihre sich rasch heranrückende Artillerie benutzt wurde.

Das russische Personal von beiden Geschützen blieb in der alten Stellung zurück, was ihm viel Ungemach ersparen sollte.

Bei unserem neuen Standort angekommen, fielen uns als erstes zwei 2 cm Geschütze auf vom Typ Oerlikon, ein Schweizer Fabrikat, denen offenbar die gleiche Aufgabe zugedacht war wie uns. Jedoch hatte die Bedienungsmannschaft die Geschütze so tief im Boden in Stellung gebracht, dass sie zur Seite der schweren Flakgeschütze hin gar kein Schussfeld hatten, weil sie so nicht genügend flach über deren Erdwälle auf Tiefflieger hinweg schießen konnten.

Auch hantierten die Leute ziemlich unsicher an ihren Geschützen, so dass sich bei uns ein ziemlich mulmiges Gefühl hinsichtlich der erforderlichen Rückendeckung im Ernstfall einstellte. Denn die feindlichen Tiefflieger hatten es wegen ihrer errungenen Lufthoheit zur Perfektion gebracht, durch Scheinangriffe von vorn ihre Ziele mit von hinten angreifenden Flugzeugen zu vernichten. Diese Technik ist besonders durch Angriffe auf Züge perfektioniert worden. Diese waren zum Schutz der Fahrgäste zunächst mit einem Begleitgeschütz gesichert worden. Durch die beschriebenen Scheinangriffe wurden diese Begleitgeschütze jedoch schnell außer Gefecht gesetzt und dann die Züge vernichtet. Ausgebrannte Waggons an den Strecken dokumentierten ihren Erfolg. Es war daher das Bestreben, dass möglichst alle, besonders Personenzüge, mit einem zweiten Begleitgeschütz zwecks Rückendeckung ausgerüstet werden sollten.

Im übrigen eine Maßnahme, deren Wirkung auch unserer Familie, meiner Mutter und meinen Brüdern, sehr genützt hat. Ihr Zug ist im Januar 1945 bei ihrer letzten Evakuierung aus Hamburg im Lüneburger Raum auf freier Strecke angegriffen und zum Stehen gebracht worden. Flüchten über freies Feld war in dieser Situation ebenso gefährlich wie das Verharren im Zug im fragwürdigen Schutz zwischen den Abteilbänken. Dank der Begleitflak konnten weitere Attacken abgewehrt und größere Verluste vermieden werden. Wir in unserem Falle hätten uns daher deutlich besser gefühlt, wenn die „Oerlikon-Leute" bezüglich Rückendeckung auf uns einen sichereren Eindruck gemacht hätten. Wir hatten uns gerade in unserem Geschützstand eingerichtet und die uns zugeteilten Erdlöcher außerhalb des Geschützstandes inspiziert, die wir bei Bomber-Hochangriffen und Artilleriefeuer aufsuchen konnten, und waren im Begriff die gesamte Stellung mit den schweren Flak-Geschützen zu besichtigen, als 6 tief fliegende Thunderbolts am Horizont auftauchten. Während zwei sich absonderten, flogen die übrigen vier uns nacheinander direkt an. Es war genug Zeit, sie rechtzeitig zu erfassen und bereits auf große Entfernung im Anflug unter Beschuss zu nehmen, denn das Geschütz war bereits vorher für alle Fälle feuerbereit gemacht worden. Ich hatte mit für den Munitionsnachschub zu sorgen. Das heißt, bei der Schusszahl pro Minute, wie sie die Flak 3,7 Solo leistete, musste etwa alle 6 Sekunden ein neuer Rahmen von 18 kg Gewicht mit Geschossen aus den Munitionskästen auf den Ladetisch der Kanone gebracht sein, damit die kontinuierliche Schussfolge aufrechterhalten bleibt. Andernfalls hätte

Stillstand wertvolle lebensgefährliche Sekunden gekostet. Es war Schwerarbeit, diesen Bedarf zu bringen. Besonders dann, wenn der Richtschütze dem angreifenden Flugzeug beim Abdrehen das Geschütz mitschwenkend noch etwas folgte und die Wege zum Ladetisch dann länger wurden. Auch war der Ladetisch für meine Körpergröße reichlich hoch. Es war eine große Anstrengung, und draußen auf dem Erdwall des Geschützstandes waren zuweilen kleine Erdfontänen von den Einschlägen des Beschusses der angreifenden Maschinen wahrzunehmen, was klar machte, dass nur das Aufrechterhalten des Abwehrfeuers unsere Chance war gegenüber den mit Waffen gut ausgerüsteten Thunderbolts. Schließlich drehten sie noch vor unseren Stellungen ab, ohne dass sie eine Bombe ins Ziel gebracht hatten. Die Stellung belebte sich wieder, alle kamen aus den Schutzdeckungen heraus. Sanitäter trugen im Laufschritt einen Verletzten vorbei, dessen Gesicht blutüberströmt war. Ihm fehlte die Nase. Es war ein Italiener, der sich offenbar nach dem Bruch der Kriegsallianz Deutschland - Italien für ein Verbleiben in der deutschen Wehrmacht entschieden hatte. Weitere Verluste, auch Materialschäden waren nicht zu verzeichnen. Eigentlich hätten wir Rohrwechsel machen müssen. Das Geschützrohr war durch die abgegebene Schusszahl bereits heiß und so nicht viel länger, sondern nur nach längerer Abkühlpause, weiter benutzbar. Wir vertrauten auf diese Pause und ruhten uns auf dem Boden des Geschützstandes aus bzw. fingen an, die dort herumliegenden Geschosshülsen einzusammeln, weil man im weiteren Ernstfall durch sie leicht hätte zu Fall kommen können. Wir mussten feststellen, dass unser

Mitschüler „Y.Y.." nicht mehr da war, behielten dies jedoch für uns. Inzwischen kamen immer häufiger Angehörige der Großbatterie in unsere beiden Geschützstände, um mit uns zu sprechen. Was wir bis dahin nicht wussten und im Eifer unserer Aktivitäten gar nicht bemerkt hatten, war, dass die beiden 2 cm Oerlikon-Geschütze nicht einen einzigen Schuss herausgebracht haben sollten. Das Bedienungspersonal wäre überhaupt nicht vertraut gemacht worden im Umgang mit dieser Waffe. Nach einer Weile tauchten wiederum 4 Thunderbolts auf. Sie blieben außerhalb unserer Schussweite und befassten sich mit anderen für uns nicht erkennbaren Zielen, verschwanden jedoch bald wieder. Plötzlich gab es ein ganz anderes Schauspiel. Ein geländegängiger Kübelwagen mit vier Soldaten besetzt, bewegte sich auf freiem Gelände von uns fort und geriet, nachdem er etwa 150 m von uns entfernt war, unter Artilleriebeschuss. Erfuhr im Zick-Zack-Kurs mit Höchstgeschwindigkeit weiter und der Beschuss folgte ihm ohne zu treffen, bis er nach etwa 500 m im buschigen Gelände verschwand. Der Sinn dieses Feuerüberfalls war aus unserer Sicht unverständlich, denn es hätte weit wichtigere Ziele gegeben, zum Beispiel unsere Flakstellung. Eins wurde jedoch sehr deutlich, wie unerwartet nah uns bereits zumindest die leichte Artillerie der Engländer war. Besonders zeigte es aber, dass sich in unserer unmittelbaren Nähe eine gut arbeitende feindliche Feuerleitstelle befinden musste, anders wäre eine so genaue Verfolgung eines so kleinen beweglichen Zieles mit Artilleriefeuer nicht möglich gewesen. Nach einiger Zeit kam Bewegung in die Geschützstände unserer schweren Flak. Offenbar war die gegnerische

Artillerie-Stellung ausgemacht worden. Ein etwa 15-minütiger Beschuss erfolgte ohne Gegenwehr. Es blieb danach auch ruhig. Mit reichlicher Verspätung kam die Mittagsverpflegung. Als alles verteilt war, mussten überraschend alle antreten. Es wurden Orden an die Luftwaffenhelfer unserer beiden Geschützmannschaften verliehen. Es wurde gewitzelt, als Nachschlag zum dürftigen Essen. Wir hatten kaum gegessen, als Artilleriefeuer aus Südwesten über unseren Bereich hereinbrach und wir uns in unsere Deckungslöcher stürzten. In meinem Loch war bereits unser Oberwachtmeister Sch. gelandet, weil er seines nicht mehr erreicht hatte. Es war sehr eng und er zitterte am ganzen Körper Das war für mich eine gänzlich neue Erfahrung. Es „kratzte" am Ansehen eines Erwachsenen, eines Vorgesetzten. Es machte mich irgendwie unsicher, zudem hatte ich in dieser Situation ohnehin genug mit mir selbst zu tun. Am liebsten hätte ich wieder raus wollen aus dem Loch. Er hatte dies aber bald überwunden. Gegenüber den gut ausgebauten Unterständen der Stamm-Geschützbesatzungen war dieses Loch ein dürftiger Schutz. Die Kehle schien einem wie zugeschnürt. Staub machte das Atmen zusätzlich schwer und das Tageslicht dunkel. Schlagartig hörte das Heulen von heran rauschenden Granaten auf, aber die Explosionen von Granaten nicht. Es waren offensichtlich Explosionen in einem getroffenen Munitionsdepot. Ganz in der Nähe unseres Erdlochs fanden solche Explosionen in zeitlich kurzem Abstand statt, so dass wir nicht aus unserem Loch heraus trauten, denn es flogen dabei auch alle möglichen Gegenstände herum. Es waren auch nicht die einzigen Explosionen dieser Art, wenn sie auch weiter entfernt erfolgten. Offenbar war zumindest ein weiteres Munitionslager getroffen worden. Es wäre somit die Frage gewesen, wenn man hier aus der Deckung unbeschädigt herausgekommen wäre, wohin man sich hätte wenden sollen. Möglicherweise wäre man vom Regen in die Traufe gekommen. Es kam ein Stück Holzplatte, ein Stück Tür eines Munitionsschrankes (?), „heran gesegelt" und landete neben unserem Erdloch. Sch. versuchte mehrfach es mit seinen langen Armen zu erreichen. Es reichte nicht ganz. Wir mussten es anders versuchen. Schließlich gelang es im gemeinsamen Bemühen trotz der Enge des Loches die Platte fast vollständig über unser Loch zu ziehen, damit von oben herab fallende Teile uns nicht mehr so gefährden konnten. Eigentlich erwarteten und fürchteten wir den ganz großen Knall durch die gleichzeitige Explosion des gesamten oder zumindest eines großen Teiles der Munition. Es war unnatürlich und uns unerklärlich, dass die Granaten in Monotonie einzeln für sich explodierten. Allerdings kannten wir die Art ihrer Lagerung nicht, ob zum Beispiel jede einzeln für sich oder anders. Ich muss schließlich eingeschlafen sein. Als ich aufwachte war Ruhe und kein schützendes Brett mehr über dem Erdloch. Oberwachtmeister Sch. War auch nicht mehr da. Es war Nacht und Brandgeruch in der Luft. Als ich aus dem Loch heraus war, sah ich unser Geschütz und alles Material abfahrbereit verladen, und unsere Leute bestiegen einen Mannschaftswagen. Ich kam gerade noch rechtzeitig zur Abfahrt. Sie hatten mich in dem waltenden Durcheinander entweder glatt vergessen oder als vermisst abgehakt. Oberwachtmeister Sch., der zu meinem

Verbleib hatte etwas sagen können, war nicht mehr vor Ort. Von der Stammbesetzung der Batterie war niemand auszumachen Ob es Verluste gegeben hat, und welcher Schaden angerichtet worden war, war für mich nicht ersichtlich. Tiefe Einschlagtrichter, wie nach Bombenangriffen gab es nicht, sondern nur flache .Es war vermutlich ein Beschuss mit kleinerem Kaliber von leichter Artillerie gewesen, Unser Geschütz war noch voll verwendungsfähig. Auch war von unserer Mannschaft keiner zu Schaden gekommen, so dass wir bis auf den fehlenden Luftwaffenhelfer „Y.Y.." vollzählig waren. Hier hatten wir offenbar, aus welchem Grund auch immer, keine Aufgabe mehr und rückten ab.

Vorschrift ist Vorschrift
Am Morgen machten wir eine Frühstücksrast. Alle waren froh, der nur wenige Stunden zuvor durchgestandenen gefährlichen Situation heil entkommen zu sein, als unser Batterie- Spieß erschien. Er war vom ganzen vorangegangenen „Schlamassel" unbehelligt geblieben, weil er zu der Zeit anderswo, wahrscheinlich in unserem alten entfernt gelegenen Batteriegefechtsstand Dienst getan hatte. Für uns Luftwaffenhelfer völlig überraschend machte er, eine Strafe androhend, uns lautstark regelrecht „zur Schnecke". Dies, weil wir es versäumt hatten, den am Vortag erhaltenen Orden offen am Ordensband hängend an der Uniformjacke zu tragen, wie es eine offenbar w i c h t i g e Vorschrift der Deutschen Wehrmacht für die ersten Tage nach der Verleihung vorschrieb Wir waren

einfach nur „baff" über soviel Dienstaufsichtseifer, aber schließlich sind Vorschriften dazu da, befolgt zu werden. Das ist uns hierdurch unvergesslich nahe gebracht worden. So wunderte es uns auch nicht, dass er nach einigen Tagen wiederum zugegen war, um unter anderem zu kontrollieren, ob wir nunmehr, wie wohl weiter erforderlich, die Ordensbanddekoration im zweiten Knopfloch von oben an der Uniformjacke trugen. Natürlich nicht, woher hätte man, selbst, wenn man von sich aus darauf gekommen wäre, so ein Dekorationsstück dieser Art auch inzwischen besorgen können sollen. Kurzerhand ließ er sich die Orden aushändigen und schnitt jeweils ein Stück Ordensband davon ab und befahl, dass dies in das betreffende Knopfloch ordnungsgemäß von uns eingenäht wurde. Wir waren tief beeindruckt vom Hochhalten des Prinzips „Vorschrift ist Vorschrift" und die wird eingehalten, welche Umstände auch herrschen mögen. Es war eine Lehre für das Leben!

Marschbefehl gen Osten

Unser Marschbefehl per 21.4.45 war gen Osten nach Berlin oder zum Aufbau einer Front gegen die vordringenden russischen Truppen, wohin vor einiger Zeit bereits einige aus unserer Klasse mit ihren Geschützen unter Oberleutnant F. in Marsch gesetzt worden waren. Wir kamen jedoch nur ein Stück weit entlang der Oberelbe und mussten dann unser Geschütz hinter dem Deich in Stellung bringen, weil Feindbewegungen auf der anderen Seite beobachtet worden waren und ein Übersetzen befürchtet wurde. Unser Quartier war der Heuschober eines am Deich gelegenen Bauernhofes, eine wunderbare Schlafgelegenheit. Sie wurde allerdings getrübt, weil wir uns wegen der undurchsichtigen Lage „gestiefelt und gespornt", also in voller Montur bereithalten mussten. Am nächsten Tage herrschte Ruhe. Vom Feind war nichts zu sehen. Wenn auch der Nachtposten von Geräuschen berichtet hatte, die mit dem Wind herüber getragen worden seien. So durften in der darauf folgenden Nacht endlich die Stiefel ausgezogen werden. Prompt gab es Alarm. Die Überraschung, wir kamen nicht in die Stiefel. Die Füße waren nämlich inzwischen beträchtlich angeschwollen. Dies, weil wir sie so lange hatten anhaben müssen und auch so lange auf den Beinen gewesen waren bei anstrengenden Schanzarbeiten zur Herstellung eines provisorischen Geschützstandes am Deich. Wesentlich war aber auch, dass das Schuhwerk aufgrund unseres fortschreitenden Wachstums bereits mehr oder minder zu eng geworden war. Passenden Ersatz hat es nicht gegeben. So hasteten wir mit den Stiefeln in der Hand an das Geschütz und stießen im Dunkeln mit den Füßen überall an. Kalt wurden sie mit der Zeit auch. Der K1(Richtkanonier) hatte die größten Probleme. Er schnitt schließlich einen seiner Stiefel auf, um leidlich hinein zu kommen, weil er sonst das strammgehende Geschützfußpedal nicht richtig hätte durchtreten können. „Krieg auf Socken", das erzeugte, wenn es auch spaßig klingt, in dieser Situation ein absolut niederdrückendes Gefühl. Abgesehen von einigen am anderen Ufer im Nichts verlaufenden Leuchtspur-Geschossgarben aus unserer nächsten Nachbarschaft oder von der anderen Seite zu uns herüber, die wohl alle mehr auf Verdacht und /oder Nervosität abgefeuert worden waren, ergaben sich in unserem Abschnitt glücklicherweise keine Kampfhandlungen, so dass die miserable Situation bald ihr Ende fand und nicht in vollem Ausmaß durchgestanden werden musste. Nun lagen im Fluss, und zwar näher unserem Ufer, nebeneinander zwei verlassene tief im Wasser auf Grund liegende Lastkähne. Ein kleinerer nahe unserem Ufer und der größere zur Mitte des Flusses hin. Nach Angaben der Anwohner sollte dieser u.a. mit Wein beladen sein. Ein Signal für die mit uns am Deich stationierten älteren Soldaten bei Einbruch der Dunkelheit eine „Patrouille" zu entsenden. Es stimmte, und sie brachten „Proben" mit. Allerdings auch die Nachricht, dass sich bereits vorher jemand dort bedient hätte und zwar auf der anderen Schiffsseite, d.h. von der anderen Flussseite her. Ob von dortigen Anwohnern oder von unserem feindlichen Gegenüber blieb offen. Auf jeden Fall entwickelte sich bei aller gebotenen Wachsamkeit eine etwas gehobene Stimmung. Weil jedoch wegen der Ungewissheit, wer von der anderen Flussseite her Partner war, der Zugriff schnell geschehen musste, konnten nur kleine Weinmengen vom Kahn abtransportiert werden, so dass jeden Abend eine „Patrouille" dorthin geschickt werden musste, zur Abrundung der Verpflegung. Zu allem Überfluss war der kleinere Kahn noch mit gelbem Zucker beladen, aus dem sich mit einigen Zutaten wunderbar Bonbons kochen ließen. So war die Welt für einige Tage „rundherum fast in Ordnung", und dem Gegner fiele somit nicht alles in die Hände. Dies alles wurde am 29.4. jäh beendet, als offenbar wurde, dass gegnerische Einheiten weiter oberhalb über die Elbe übersetzen konnten, wodurch unsere Bewegungsmöglichkeit in diese Richtung hätte unterbunden werden können. Wir sollten in Richtung Nordosten am feindlichen Brückenkopf noch schnell vorbei stoßen. Eine fragwürdige Angelegenheit, weil wir wegen mangelnder Spritversorgung häufiger Aufenthalte hatten. Unseren Mannschaftswagen hatten wir deshalb bereits zurückgelassen und fuhren auf der Geschützlafette oder auf dem Materialwagen mit. Als Zuggerät hatten wir inzwischen auch einen auf einem Bauernhof requirierten noch fast voll getankten Trecker in unserem Tross. Doch der Gegner war besser motorisiert und war schneller. Wir konnten nicht weiter. Panzer zogen hinter einem Hügel quer zu unserer Marschrichtung durchs Gelände. Wir gingen in einen kleinen Ort auf Anweisung zwischen zwei Häusern versteckt in Stellung, als aus dem einen Haus eine Mutter mit zwei Kleinkindern kam und uns weinend bat, uns anderswo aufzubauen, um sie, die Kinder und Nachbarn und die Häuser nicht zu gefährden. Wir waren mit der Situation und dem Standort ohnehin nicht zufrieden. Erstens konnten wir mit unserem kleinen Kaliber von 3,7 cm auch mit der uns verfügbaren Panzermunition nicht viel ausrichten und zweitens konnten aus dieser Position sich nähernde Gegner viel zu spät gesichtet werden. Die Schwierigkeit war, die Wünsche der Frau und unsere Probleme unserem aushilfsweise eingesetzten Zugführer, einem ehrgeizigen Oberfähnrich, klar zu machen. Die Angelegenheit erledigte sich ganz plötzlich wie von selbst. Auf der vorbeiführenden Straße preschte ein Gespann, Zugmaschine mit einer Panzerabwehrkanone, vorbei und protzte auf dem Hügel mitten auf der Straße ohne Deckung zum Gegner ab. Zielaufnahme und Feuer auf zwei verschiedene Objekte war Augenblicksache. Rauch stieg hinterm Hügel auf und zeigte Treffer an. Ebenso schnell wie gekommen, waren sie wieder weg. Möglicherweise, um an anderer Stelle ebenso zu verfahren. Wir waren stocksauer, weil wir nun fürchteten, dass sie uns ohne Chancen der Übermacht der gegnerischen Verfolger ausgeliefert hätten und waren aufs Schlimmste gefasst, als Beobachter meldeten, dass sich die gegnerischen Panzer fast fluchtartig entfernten. Offenbar wollten sie angesichts des ohnehin absehbaren Kriegsendes gegen einen schwer fassbaren Feind nichts mehr riskieren. Wir rüsteten zum Abmarsch als die Frau und ihre Nachbarn sich bedankten und Essen brachten, was uns verlegen machte, weil wir zur Lösung ihres Problems nicht beigetragen hatten. Nach Mitternacht am 30.4. kamen wir an einen Ort, an dem eine große Menge militärisches Kriegsfuhrwerk versammelt war. Es schien ein provisorisch eingerichteter Befehlsstand zu sein. Für mich eine letzte lebensgefährliche Station. Ich saß während der Fahrt auf dem seitlich am Geschütz befindlichen Richtschützensitz und schlief, als plötzlich der Sitz mit mir angehoben und mit mir zum Geschütz hin umgeklappt wurde. Ein noch rechtzeitiger Absprung war die Rettung. Ursache war, dass unser Gespann an den vielen chaotisch abgestellten Fahrzeugen vorbeimanövrieren musste, und dass dies an einem Anhänger mit sehr tief liegender Ladefläche nicht gelang. Eine Ecke des Anhängers geriet dabei durch eine zu kurz genommene Kurve unter den Sitz. Der Schreck war groß. Etwas später kam vom Befehlsstand über Lautsprecher eine Meldung aus dem Berliner Führerbunker: „Der Führer und oberste Befehlshaber der Wehrmacht sei nach heldenhaftem Kampf gefallen. Der Nachfolger sei Großadmiral Dönitz". Für uns änderte sich nichts. Wir sollten weiter nach Osten, konnten aber auch hier keinen Treibstoff dafür erhalten. Wir hatten dazu nur noch einen geringen Vorrat. Am 1. Mai tauchte unser Batterie-Chef Oberleutnant P. bei uns auf und war entsetzt, uns immer noch zu sehen. Inzwischen war nämlich auch von Erschießungen von Luftwaffenhelfern durch die Russen die Rede, weil sie diese nicht als Soldaten anerkannt hatten. Wir sollten nun also sofort entlassen und nach Hause geschickt werden. Hiergegen sträubten wir uns, weil uns damit das gleiche passieren konnte, da Einzelne, die fern von ihrem Truppenteil in Rückwärtsbewegung angetroffen wurden, als Deserteure angesehen und entsprechend behandelt wurden. Beispiele von aufgehängten oder erschossenen deutschen Soldaten gab es zu der Zeit genug. P. sah dies ein und versprach über eine Lösung nachzudenken. Wir hatten keinen

Treibstoff mehr und hielten irgendwo am Straßenrand. An diesem Straßenrand befanden sich streckenweise bereits liegen gebliebene, teils durch Tiefflieger zerstörte Fahrzeuge und die Lücken dazwischen waren über den Straßengraben hinaus bis in die angrenzenden Gebüsche mit zurückgelassenem Material übersät. Die Bemühungen, Treibstoff zu bekommen, hatten keinen Erfolg. Es war nur noch eine Frage der Zeit, dass die Engländer uns aufspüren würden. Also wurde die Sprengung des Geschützes vorbereitet und wenig später ausgeführt, damit es nicht in ihre Hand falle, das Personal aber weiter könne.

Ab nach Hause unter Schwierigkeiten - Das Kriegsende

Am 2. Mai erklärte uns Oberleutnant P., er müsse eine Ordonnanz zwecks Berichterstattung in Richtung Hamburg zurückschicken und wir, Luftwaffenhelfer MD. Und ich, müssten den notwendigen Begleitschutz wegen der Tiefflieger machen. Es war derzeit nämlich auch für Kraftfahrzeugfahrten nützlich, den Luftraum nach hinten zu beobachten, um nicht durch einen Angriff von dort überrascht zu werden. Für das restliche Stück Weg nach Hamburg rein wünschte er uns viel Glück und bemerkte, dass er uns die Entlassung aus der deutschen Wehrmacht später bescheinigen werde. Wir sollten uns in seiner Firma melden, einem angesehenen Hamburger Handelshaus, was denn auch, um es vorwegzunehmen, so geschah. Er setzte offensichtlich bereits voraus, dass der Krieg sehr bald zu Ende sein und er sich rechtzeitig zu der von ihm befehligten Batterie 762/0 nach Hamburg zurückbegeben und so dort direkt an seinem Wohnort auf irgendeine Weise aus der Wehrmacht ausscheiden würde. Für den Augenblick half ihm diese Lösung, sich nicht selbst zu gefährden. Zu der Zeit wäre es als eindeutige Wehrkraftzersetzung angesehen worden, wenn er für zwei Leute Entlassungsbescheinigungen aus dem Kriegsdienst ausgestellt hätte, selbst hier wie bei uns aus triftigem Grund und aufgrund eines bestehenden, gültigen Beschlusses. Er wäre hierfür zur Rechenschaft gezogen worden. Dies deshalb, weil doch gerade überall im Land auch ältere Männer als letztes Aufgebot zum Volkssturm vereinnahmt wurden, unter der Verzweiflungsparole, dass es auf „jeden" ankomme, um den Vormarsch der Alliierten aufzuhalten. Sein Befehl hingegen, Leute als Luftbeobachter für das Ordonanzfahrzeug vorzusehen, war eine den Kriegsumständen entsprechende seinerzeit übliche Maßnahme. Das Risiko „erwischt" zu werden, lag somit voll bei uns auf dem verbleibenden restlichen Stück Weg, weil wir hierfür keine Marschorder hatten. Wir wollten es dennoch wagen, weil es uns bei Abwägung der misslichen Lage als das geringste Übel erschien. So nahmen wir links und rechts, rückwärts zur Fahrrichtung auf dem vorderen Kotflügeln eines Mercedes 170, dem Ordonnanz-Fahrzeug, Platz und hielten uns am Mercedes-Stern und der Motorhaubenverriegelung fest. Dies allerdings nicht, ohne vorher aus unserem Gepäck alles Entbehrliche entfernt und stattdessen Marsch-Proviant hinein gestopft zu haben. Unsere feldmarschmäßige Ausrüstung einschließlich Gewehr, behielten wir jedoch vollständig, weil andernfalls, so meinten wir, dies schon auf den ersten Blick verdächtig auch bereits als Desertionsabsicht ausgelegt werden konnte. Im übrigen, was dieses Thema angelangt, war zu bemerken, dass in den nahe gelegenen Wäldern große Ansammlungen von Soldaten anderer Nationalitäten lagerten, die sich der deutschen Wehrmacht angeschlossen hatten, wie Ungarn aus der Honved – Armee und Flamen, Russen und Balten aus verschiedenen Verbänden der Wehrmacht Allen stand ein ungewisses Schicksal bevor. Alle wollten sich möglichst absetzen, wobei es die Russen am meisten nach Westen drängte, um nicht in die Hände der sowjetischen Truppen zu fallen. Diesem Bestreben standen die Desertions-Schnellverfahren mit Todesurteilen durch die deutschen Kontroll-Kommandos entgegen. Also lagerten sie dort und warteten völlig unversorgt auf das Kriegsende. Die Ordonnanz, ein Leutnant, war in den Hintergrund unserer Mitfahrt eingeweiht, und riskierte einen Abstecher bis fast zur Hamburger Stadtgrenze, also weiter als sein befohlenes Fahrtziel war. Wir konnten so relativ sicher vor Wehrmachtskontrollen Hamburger Verkehrsmittel erreichen und waren somit noch am selben Tag zu Hause. Am nächsten Tag, dem 3. Mai war ich bestrebt, meine polizeiliche Anmeldung zu bewirken. Hierzu musste ich allerdings eine Bescheinigung von unserer Wohnungsverwaltung haben, dass unsere Familie bei ihr als Mieter registriert und ich Familienmitglied sei. Das Büro der Verwaltung von mehreren nur zum Teil ausgebombten Häusern des Wohnblocks - Scheideweg / Goebenstraße – befand sich in der zugehörigen Tiefgarage. In ihm arbeiteten zwei Damen, wie sie seit eh und je dort arbeiteten. Ich erhielt die Bescheinigung mit dem Bemerken, dass falls noch was sei, sie heute nur bis 12.50 Uhr erreichbar seien, weil ab -13.00 Uhr in Hamburg Sperrstunde sei wegen der Übergabe der Stadt und des Einmarsches der Engländer. Ihr Arbeitstag verlief also normal, wenn auch etwas verkürzt. Dies konnte ich auch auf dem 21. Polizeirevier, Lutterothstraße, feststellen. Hier traf ich erst um 12.40 Uhr ein und wurde wegen meiner Anmeldung vorstellig. Mit der Begründung, dass ich aus dem Dienst der Luftwaffenhelfer entlassen worden sei, mein Vater noch im Feld und meine Mutter mit meinen Brüdern noch an ihrem Evakuierungsort seien, müsse ich somit stellvertretend die Wohnung übernehmen, bis der Rest der Familie zurückgekehrt sei. Dies war auch insofern nötig, weil bis vor kurzem eine ausgebombte Familie während unserer aller Abwesenheit unsere nur gering beschädigte Wohnung bewohnt hatte. Auch sie war inzwischen evakuiert worden und hätte nach Rückkehr möglicherweise auch wieder einziehen wollen. Es gab keine Probleme, obwohl ich keine Entlassungspapiere vorlegen konnte. Wie sollte es auch. Ich war zwar ein 16-jähriger Kriegsveteran ohne Herkunft, aber es war für die Beamten nicht mehr wichtig.

Hinter mir wurde um 12.50 Uhr als letztem „Kunden" die Tür verschlossen. Der Krieg war auch für sie zu Ende.

Im Laufschritt ging es nach Hause, als mir Leute beladen mit Lebensmitteln begegneten. Ecke Manstein- und Bismarckstraße wurde ein Lebensmitteldepot geräumt, damit es nicht den Engländern anheim falle. Sperrstunde 13.00 Uhr hin oder her, das konnte man sich einfach nicht entgehen lassen. Also noch dorthin. Hier achteten zwei Uniformierte darauf, dass jeder nur eine begrenzte Menge Lebensmittel mitnahm und sich keine Plünderung entwickelte. Mit diesem zusätzlichen Vorrat konnte man auch bei mehreren Tagen Sperrzeit und Versorgungsausfällen leben. Das Kriegsende, der Frieden fingen soweit gut an. Leider muss auch festgestellt werden, dass die Tatsache, dass ein Teil der Luftwaffenhelfer unserer Klasse nicht rechtzeitig, aus welchen Gründen auch immer, aus dem Kriegsdienst entlassen worden war, was 8 meiner Mitschüler und mich betraf, Verluste gezeigt hat. So ist der Luftwaffenhelfer K.W. gefallen und der LWH B.Z. in russische Gefangenschaft geraten und an deren Folgen nach seiner Entlassung gestorben. Die LWH D.M. und G.B. sind schwer verwundet worden und vom LWH „Y.Y." haben wir nichts mehr gehört.

Finanziell waren wir auch völlig abgebrannt. Der geringe Sold ist während der Dienstzeit immer nur zur Hälfte ausgezahlt worden. Die andere Hälfte sollte, so war es vereinbart, bis zu unserer Entlassung angesammelt werden und als kleine Starthilfe fürs weitere Leben dienen. Hiervon hat keiner etwas gesehen. Der Start begann mit Schulden. Das war jedoch das geringste Übel. Andere waren schlimmer dran.

KAPITEL II

Nachkriegszeit 1945-1948

und etwas länger

Kriegsende in Hamburg

Die totale Sperrzeit während des Einmarsches der Engländer in Hamburg dauerte nur kurze Zeit. Man vertrieb sich die Zeit so gut es ging. In unserer Nebenstraße bemerkte man kaum etwas davon. Mitteilungen der Besatzungstruppen an die Hamburger erfolgten per Radio oder Druckschriften. Zeitungen erschienen erst später wieder. Sobald die Sperrzeit gelockert wurde, erfolgte ein Zustrom von Menschen nach Hamburg wie von heimkehrenden Soldaten, die es oft in wochenlangen (Nacht-)Märschen geschafft hatten, sich einer Gefangennahme zu entziehen, denn jeder wollte schnell nach Hause, um möglichst einer Gefangenschaft in einem der vielen total überfüllten, meist im Freien befindlichen und in jeder Beziehung völlig unterversorgten Gefangenenlager zu entgehen. Es gab des weiteren einen Zustrom von zwangsrekrutierten Fremdarbeitern, die nicht oder zunächst noch nicht heimkehren wollten, sowie von aus der Evakuierung zurückkommenden Müttern mit Kindern wie auch Schulklassen.

Erste Kontakte mit den Engländern

So hatte meine Mutter, die sich mit einer anderen Mutter mit insgesamt 4 Kindern und Gepäck bereits wenige Tage nach Kriegsende zu Fuß aus dem Raum Rothenburg auf den Weg gemacht hatten, Beförderungsmittel fuhren noch nicht wieder, dabei einen ersten Kontakt mit der englischen Besatzung. Nach einiger Zeit Fußmarsch hielt, zunächst zu ihrem Schrecken, ein Panzerspähwagen neben ihnen. Sie wurden nach ihrem Ziel gefragt und zu ihrer Erleichterung eingeladen, bis Harburg mitzufahren. Als sie sich von dort auf den Weg gemacht hatten, um noch vor der Abendsperrstunde die Wohnung der Mitwandergefährtin in Wilhelmsburg zur Übernachtung zu erreichen, hielt nach einem guten Stück Fußweg der Spähwagen wieder neben ihnen. Er hatte ein im Fahrzeug vergessenes Gepäckstück hinterher gebracht. Etwas später hatte ich meinen ersten weniger angenehmen Kontakt mit der Besatzungstruppe. Aufgrund einer Denunziation bezüglich der Vielzahl der zurückgekehrten Wehrmachtsangehörigen in unserer Straße erfolgte eine Razzia. Unsere und die Parallelstraße wurden durch Militärfahrzeuge mit schussbereiten Soldaten zur Durchsuchung aller Wohnungen abgesperrt. Meine Mutter hatte nichts eiligeres zu tun, als meine Uniform vom zum Hof gelegenen Balkon an dort seitlich befindliche Haken nach draußen zu hängen, damit sie in der Wohnung nicht gefunden würde. Nur, auf der anderen Seite des Hofes waren auch Soldaten postiert. Es war nur eine Sache von Minuten, dann waren sie bei uns und nahmen mich mit. Zum Glück hielten sie es nicht für nötig, die Wohnung weiter zu durchsuchen, in der sich noch meine weitere Ausrüstung befand. Ich wurde auf einen Lastwagen verfrachtet, der sich sehr schnell mit weiteren männlichen „Zivilisten" füllte. Auch unser direkter Nachbar Ch.K. war dabei und nahm neben mir Platz. Wir wurden zur Stadtmitte gefahren, wo die Kunsthalle und Umgebung als Sammelstelle zur Entlassung oder Festsetzung von deutschem militärischem Personal diente. Ch.K. hatte vor dem Krieg in Amerika gelebt und konnte perfekt englisch. Er selbst war kein Soldat gewesen, was er wohl belegen konnte. Er versuchte die vernehmenden Offiziere zu überzeugen, dass ich aufgrund meines Alters doch kein Wehrmachtsangehöriger habe sein können. Hilfreich war dabei, dass keiner wusste, weshalb ich überhaupt festgesetzt worden war, denn die Soldaten, die die Razzia ausgeführt hatten, waren längst wo anders. Sie hatten nichts Schriftliches hinterlassen. So wurde ich bald wieder freigelassen und eine längere Internierung für mich vermieden. Unser Nachbar hingegen am erst viel später wieder frei. Ihm selbst waren seine guten Sprachkenntnisse zum Nachteil. Er wurde nämlich bei den Verhören als Dolmetscher benötigt und daher für längere Zeit dabehalten.

Nachkriegsalltag - Schwarze Märkte

Nach und nach wurde der Umfang der Kriegsfolgen für alle offenbar. Es gab nur eine von den Besatzern auf ein Minimum reduzierte Lebensmittelzuteilung von etwa 1.000 Kalorien pro Person und Tag. Für Männer 200 Kcal mehr als für Frauen. Hinzu kamen Versorgungsausfälle in der Strom- und Gasversorgung. Heiz- und Brennmaterial gab es zunächst gar nicht und dann sehr unzureichend. Kleidung gab es nicht. Gut war der dran, der auf umgearbeitetes Militärzeug zurückgreifen konnte. Ansonsten wurden Wolldecken zu Bekleidungsstücken verarbeitet. Es entstanden die „Schwarzen Märkte". Ein bereits kurz nach Kriegsende entstandener Markt befand sich am Eppendorfer Park, wo auch englische Soldaten aller Waffengattungen sich einfanden und ihre Verpflegung und Zigaretten gegen Wertgegenstände und anderes mehr eintauschen wollten. Nun war es anfangs noch so, dass für die alliierten Streitkräfte ein striktes Fraternisierungsverbot bestand und die englische Militärpolizei die einzige Institution für Sicherheit und Ordnung war. Sie löste diese Märkte mit harter Hand und Festnahmen sowie Konfiszierungen der Tauschwaren auf. Sie ging dabei gegen die eigenen Leute zum Teil eher härter vor als gegen Deutsche und hier gebliebene Zwangsarbeiter.

Dies hinderte die Menschen nicht daran, jeweils nach kurzer Zeit dort mit ihren Tauschgeschäften weiterzumachen. Nur die englischen Soldaten tauchten dort nicht mehr auf.

Das heißt jedoch nicht, dass die „Geschäfte" mit ihnen nicht mehr stattfanden. Sie liefen nur anders ab, zum Beispiel an den Kasernentoren, wo sich dann nur einer oder wenige Soldaten unauffällig das Angebot zeigen ließen und erbaten, es mit in die Kaserne nehmen zu dürfen, um es interessierten Kameraden zu zeigen. Für den Anbietenden war dies ein großes Risiko, dass er nämlich nicht wieder erschien, wogegen sich dann nichts hätte machen lassen. Oft war es der einzige Wertgegenstand, den der Anbieter besaß und der ihm Lebensmittel oder Genussmittel, die dann wiederum anderswo in Lebensmittel getauscht wurden, erbringen sollte. Das Vertrauen in die so handelnden Soldaten wurde nur in ganz wenigen Fällen enttäuscht.

Je größer die Not der Bevölkerung wurde, desto mehr entwickelten sich die Schwarzmärkte. Umso mehr wurden sie auch von der inzwischen aktivierten Hamburger Polizei gemeinsam mit der Militärpolizei bekämpft. Dies, weil inzwischen auch horrende, die Währung schädigende Preise bezahlt wurden und sich auch zunehmend Betrugs-, Diebstahl- und Überfall-Kriminalität ausbreitete. Eine Lebensmittelmarke für den Bezug von 1.500 Gramm Brot kostete 60,- Mark, eine 50 Gramm Tafel Cadbury Schokolade bis zu 50,- Mark. Englische und amerikanische Zigaretten entwickelten sich zur Ersatzwährung von 6,- bis 7,- Mark pro Stück.

Brennmaterial zum Kochen

Bald ergab sich auch, dass wegen Energieausfall nicht einmal mehr gekocht werden konnte. In den Ruinen der zerstörten Häuser betätigte sich ein großer Teil der Bevölkerung einschließlich der Kinder in der Bergung und Suche nach Holz, denn die meisten Wohnungen waren noch mit Herd und Feuerstelle ausgerüstet. Diese Suche war nicht ungefährlich, wenn z.B. Fensterrahmen aus den Fensterhöhlen stehen gebliebener Fassaden herausgerissen wurden. Es gab Tote und Verletzte durch einstürzende Fassadenteile, wie solche Fassaden überhaupt eine Gefahr waren. Deshalb fanden fortwährend Sprengungen solcher Ruinenteile statt. Dazu wurde der laufende Verkehr kurzzeitig durch Hornsignal unterbrochen und die Leute aufgefordert in angemessener Entfernung oder hinter der nächsten Ecke zu verharren. Eine unkonventionelle Verfahrensart von wenigen Minuten Dauer, an die man sich gewöhnt hatte und die sehr schnell zur Einebnung von ganzen Blocks bzw. Stadtteilen zu Trümmerbergen führten, denen später noch Bedeutung zukamen. Aber die Quelle des Trümmerholzes versiegte angesichts des enormen Bedarfs sehr schnell. So rückten auch die stehen gebliebenen Bäume ins Blickfeld. Zunächst die durch Feuer zum Teil bereits abgestorbenen, später alle, die noch standen. Hierbei gab es jedoch das Problem, dass Fällarbeiten nicht während des Tages erfolgen konnten, und zwar wegen des Verkehrs und der Passanten. Letztere hätten sich sicherlich des größten Teiles des Holzes bemächtigt, und man selbst hatte das Nachsehen. In unserem Haus mit 15 Wohnungen waren wir bis dato nur 3 männliche Bewohner, die heimgekehrt waren, die also die Versorgung für mehrere versorguns-bedürftige Haushalte bewirken mussten und die auch den Kopf hinhalten mussten, wenn man geschnappt wurde. Um allen Schwierigkeiten aus dem Weg zu gehen, war die Technik, dass man kurz vor der abendlichen Sperrstunde, 23.00 Uhr, möglichst unauffällig den jeweiligen Baum soweit ansägte, wie es verantwortbar war, um dann morgens bei Ende der Sperrstunde, 5.00 Uhr, den Rest zu besorgen, wenn andere nicht doch zuvorgekommen waren.

Kaum Frischgemüse und Obst

Im Sommer 1945 fanden die ersten Hamsterfahrten zur Beschaffung von Gemüse, Obst und Kartoffeln statt. Die Sache hatte nur zwei Haken. Man musste beweglich sein und ein Fahrrad haben - Privatautos gab es nicht. Für sie hätte es ohnehin keinen Kraftstoff gegeben. Selbst die wenigen für Berufsverkehr lizenzierten Lastwagen fuhren meist nur im Holzgasbetrieb - und das Hauptanbaugebiet, die Vierlande, waren streng bewachtes Sperrgebiet, dass nur mit Passierschein betreten werden konnte. Dass heißt, wenn man irgendwie hineingelangt war, dann war man mit seiner eingetauschten Ware noch längst nicht und unbestraft wieder draußen. Die für unterernährte Personen anstrengenden Rad-Tagesfahrten von Hamburg Stadtmitte und Abklappern der Bauernhöfe nach Tauschgelegenheit bis Zollenspieker und zurück, endeten häufig mit einem Desaster. Das am besten bewachte Nadelöhr war die Tatenbergbrücke in Moorfleet. Aber auch Fahrten ins Alte Land zur Obsternte hatten ihre fast unüberwindlichen Kontrollpunkte. Das waren die Elbbrücken und zum Teil auch die St. Pauli Landungsbrücken, wenn man mit einer Hafenfähre ankam. Hier funktionierte das Durchkommen am besten und in der Regel so, dass die Unerfahrenen als erste an Land drängten und prompt von der hier kontrollierenden deutschen Wasserschutzpolizei aufgehalten wurden. Meist wurde ihnen dann die „Ware" gegen eine in gebotener Sorgfalt und Bedächtigkeit ausgelieferte Empfangsbescheinigung abgenommen. Eine wohlmeinende angebotene Gelegenheit für die meisten Nachdrängenden, dort unbehelligt vorbeizuschlüpfen. Es ging zuweilen aber auch hier strenger zu.

Es wird wieder gearbeitet, gelernt und studiert

Allmählich kamen auch Industrie und Gewerbe wieder in Gang, so dass auch Lehr- und Praktikantenstellen nachgefragt werden konnten. Allerdings bedurfte es vieler Bewerbungen und die wenigsten fanden, wenn überhaupt, eine Stelle in ihrem Wunschberuf. Jeder Einstellung ging eine Befragung und Prüfung der Vergangenheit durch den Betriebsrat sowie ein Entnazifizierungsverfahren voraus. Mein Schulfreund D.M. und ich landeten ab 1.12.45 in einer großen Maschinenbaufirma in Altona als Praktikanten zu „Null" Mark monatlich „Erziehungsbeihilfe" im ersten und 28,- Mark monatlich im zweiten Jahr, entsprechend knapp dem Wert einer Lebensmittelmarke zum Bezug von 750 Gramm Brot auf dem Schwarzmarkt. Jahresurlaub war 12 Tage. Unsere erste Aufgabe war, aus den ausgebombten Wasch- und Umkleideräumen der Firma die Blech-Kleiderschränke zu bergen. Aus ihnen wurden Herde und Spar-Brennhexen gebaut und verkauft. Wer zwei Herde fertig gestellt hat, durfte einen behalten (galt nur für Lehrlinge und Praktikanten). In Rekordzeit lernten wir die nötigen Fertigkeiten und hatten mit Hilfe der älteren Lehrlinge und des Meisters sehr bald 2 Herde fertig, so dass wir über einen Herd als Tauschobjekt für benötigte Sachen zu Weihnachten verfügen konnten. Das nächste Ziel, eine Spar-Brennhexe für den Eigengebrauch zu bekommen, war im Januar 1946 erreicht. Sie hat uns über die kritischen Jahre bis 1948 sehr geholfen. Die Ausbildung fand in einer notdürftig wieder hergerichteten Lehrlingswerkstatt statt, deren Fenster teils mit Pappe verkleidet, teils mangels Glas noch kaputt waren. Es war im Winter

„saukalt". Dies besonders, weil es an Kleidung mangelte und alle „nichts auf den Rippen" hatten. Zur Aufwärmung war zum Beispiel in der Lehrlingsdreherei in der Mitte ein Kanonenofen aufgebaut. Für dessen Brennstoffversorgung hatten alle mit aufzukommen. Denn die Firma alleine konnte den Brennstoffbedarf nicht decken, weil es einfach nichts gab, um alle ihre Werkstätten ausreichend zu versorgen. So trug jeder, wenn irgend möglich, dazu bei, durch tägliche Holz- oder Kohlenmitbringsel die Feuerstelle am Brennen und den Betrieb am Laufen zu halten. Es gab bald eine Regelung, dass Kriegsteilnehmer mit verkürzter Lehrzeit ihre Prüfung machen konnten, weil sie normalerweise bereits älter waren. Dies aber nur, wenn die Prüfung ohne Abstriche erfolgreich abgelegt worden ist. Bei selbstverschuldetem Abbruch der Lehre war eine Strafzahlung von 150,- Mark an den Lehrherrn fällig, was auch im umgekehrten Fall auch für den Lehrherrn galt D.M. und ich ließen uns auf Lehrlingsstatus umschreiben. Nicht zuletzt aus finanziellen Gründen war es angezeigt, den Gesellenbrief so schnell wie möglich zu erlangen. Dazu war es unter anderem erforderlich, in Abendkursen die notwendigen Kenntnisse schneller zu erwerben. Dies zeitigte aber das Problem, dass die Arbeitsstätte 15 Minuten vor Feierabend verlassen werden musste, um pünktlich am Kursus teilnehmen zu können. Das bedeutete, dass bei Abendkursen an 4 Tagen in der Woche eine Stunde Arbeitsausfall entstand und so nur 47 Wochenarbeitsstunden erreicht wurden. Unerbittlich war jedoch die Ableistung von 48 Stunden Regelarbeitszeit pro Woche für die Erlangung der Lebensmittel- Schwer- oder Schwerstarbeiterkarte erforderlich, die mit zusätzlichen 1.000 Kalorien zur Aufbesserung der Ernährung der Familie beitragen. Sie hätten sonst nur durch für uns unerschwingliche Summen für Schwarzmarktzukäufe ersetzt werden können. Wir mussten daher jedes mal 15 Minuten vor Feierabend beim Obermeister vorstellig werden wegen eines Passierscheines zum vorzeitigen Verlassen des Werkes und nur er war befugt dazu - und mussten zusätzlich einen Nachweis bringen, dass wir lückenlos und in voller Länge an dem Abendkurs teilgenommen hatten. Wir konnten unsere Lehrzeit statt in 3 ½ Jahren in weniger als drei Jahren beenden. Für die Aufnahme eines anschließenden Ingenieur - Studiums galten wegen der im Verhältnis geringen Zahl an noch verfügbaren Ausbildungsstätten und der demgegenüber hohen Zahl an zusätzlichen Kriegsteilnehmer-Bewerbern nur bestandene „Ausleseprüfungen" zur Reduzierung der hohen Bewerberzahl. Je nach Prüfungsergebnis ergaben sich Wartezeiten von bis zu drei Jahren. Für manche die Zeit zur Erarbeitung der erforderlichen Mittel dafür. D.M. und ich hatten die Zulassung mit einem Jahr bekommen und somit auch Gelegenheit, zumindest die für den Anfang notwendigsten Ansparungen – Semestergebühren / -lernmittel, Lebensunterhalt etc. – als nunmehr gelernte Maschinenbauer zu erarbeiten. Wochenlohn rund 58,-- RM für 48 Arbeitsstunden. Die weiteren Mittel konnten dann mit mehr Sicherheit und leichter durch Arbeit während der jeweiligen Semesterferien zusammengebracht werden. Die Vermittlung des Lehrstoffes erfolgte von Anbeginn an zeitlich stark gestrafft, so dass Freizeitaktivitäten auf der Strecke blieben, um mithalten zu können. Bis einschließlich 3. Semester reduzierte sich die Zahl der Studierenden eines jeden Semesterzuges auf etwa 40%. Dann war schließlich sichergestellt, dass das Gros der verbleibenden durch Eignung ihr Ziel erreichen und nicht ihre Zeit durch ein Fehlstudium vergeuden und Lehrkräfte unnütz binden würden. Erst nach dem 3. Semester gab es nach Bedürftigkeit und leistungsorientiert in beschränktem Umfang rückzahlbare Darlehen. Die Rückzahlungspflicht begann in Raten mit dem ersten Gehalt. Das Geld kam umgehend den Folgesemestern zugute. Zurück zur weiteren Betrachtung des Geschehens in den ersten Nachkriegsjahren. Hier war das Bestreben unverkennbar, trotz aller Widrigkeiten etwas vorwärts zu bewegen Vor allen Dingen war wichtig, Wohnungen für die Ausgebombten zu schaffen. Neben den Trümmerfrauen waren es auch Kinder, die aus den Trümmern ab 1946 intakte Mauersteine bargen. Unserer Wohnung gegenüber befanden sich die Trümmerberge der zerstörten Vorder- und Hinderhofhäuser dieser Straßenseite. Aus diesen bargen die Kinder – darunter meine Brüder, Zwillinge, 10 Jahre alt - aus den anliegenden bewohnbar gebliebenen Häusern solche Steine, klopften den Mörtel ab und stapelten sie am Straßenrand auf. Pro wiederverwendungsfähigem Mauerstein gab es in der Regel einen Pfennig. Das heißt, 6.000 Steine ergaben 60,- DM Beitrag fürs tägliche Leben, z.B. für eine Wohnungsmonatsmiete oder für 1 Brot zu 1.500 Gramm Gewicht auf dem Schwarzen Markt als zusätzliches Lebensmittel. Obwohl die Produktionsstätten ihre Arbeit, so gut der jeweilige Zerstörungsgrad und die Reparationsleistungen an Maschinen an die Engländer es erlaubten, wieder aufgenommen hatten und der Güter und Personenverkehr wieder langsam in Gang kamen, war für die Bevölkerung keine bessere Versorgungslage gegeben. Jeder verbrachte einen großen Teil seiner Zeit damit zu, sich und die seinen mehr oder minder legal über Wasser zu halten.

Energiemangel

Besonders in den Wintern 1945/46 und 1946/47, dem „Eis-Winter", traten vor allem in der Energieversorgung große Lücken auf. Die Kohlenzechen kamen trotz großer Anreize für die Kumpel hinsichtlich Nahrungsmittel mit der Produktion nicht nach und die Besatzungsbehörde gab der Belieferung der Industrie den Vorzug. So war zeitweise die allgemeine Stromversorgung von 22.00 bis 5.00 Uhr eingestellt. Auch tagsüber gab es Abschaltungen. Krankenhäuser und wichtige öffentliche Institutionen hatten Notstromerzeuger. Den Haushalten war nur ein festgesetzter Verbrauch an Kilowatt erlaubt. Es war die hohe Zeit des Bastelns, und zwar zur Überbrückung des Stromzählers zum Anhalten oder gar zu seinem Rücklauf, was wiederum überfallartige Kontrollbesuche der Haushalte zeitigte. Es war auch eine Zeit des Rückfalls in vergangene Zeiten zum Gebrauch von Petroleum- und Karbidlampen. Letztere fertigten wir in großer Zahl zum Teil aus leeren Geschoßhülsen größeren Kalibers an. Die eigentliche Katastrophe war jedoch die mehr als ungenügende Versorgung der Haushalte mit Heizbrennstoff. Die Kohlenklauerei nahm immer größere Ausmaße an.

Kohlenklau - Die Möglichkeiten und Auswüchse

Es bildeten sich bevorzugte Angriffsorte auf „Kohlenzüge" aus. Im Nordwesten Hamburgs war ein sehr günstiger Ort am Rangiergelände Försterweg in Stellingen, wo allabendlich mindestens ein mit Kohlenwaggons bestückter Zug für etwa 5 Minuten halten und auf das Weiterfahrtsignal warten musste. Er war gut zugänglich auf dem ersten Gleis am Rande der Anlage. Dann stürmten Scharen von Menschen aus der Deckung des anliegenden Kleingartengeländes heraus, um sich zu bedienen. Meist in Gruppen von zwei oder drei Leuten, von denen einer den Waggon bestieg und Kohlen hinunterwarf, die die anderen dann einsackten. Allein funktionierte das nicht, weil sobald man „seine" Kohlen vom Waggon geworfen hatte, waren andere schon dabei, sie für sich einzusacken und man hatte das Nachsehen. Dies wurde u.a. auch von älteren Leuten praktiziert, die die Waggons nicht mehr selbst entern konnten und daher kaum Erfolg gehabt hätten. Es spielte sich auch aus diesem Grunde bald ein, dass jung und alt sich zusammentaten. Ein weiterer Angriffsort war in Eidelstedt / Reichsbahnstraße. Hier war es jedoch nicht ganz so günstig, weil hier die vorhandenen Straßen schnelle Razzien und Abriegelungen gestatteten und so weniger Möglichkeiten zum Entkommen boten als die Schrebergärten in Stellingen. Je länger der Eis-Winter 1946/47 dauerte, desto lebenswichtiger wurde diese Beschaffungsart, denn die weitgehend unterernährte Bevölkerung hatte der Kälte in ungeheizten Räumen nichts entgegenzusetzen. Die Zahl der Erfrorenen, besonders der in den ohne Wärmedämmung ausgestatteten Wellblech-Nissenhütten, wäre sehr viel höher gewesen, wenn diese illegale Selbstversorgung nicht stattgefunden hätte. Leider gab es neben sehr unbedachten Leuten auch kriminelle Gangs, die große Mengen Kohlen zwecks Verkaufs auf dem Schwarzen Markt ergattern wollten. Sie öffneten die seitlichen Waggontüren, so dass sich an dieser Stelle der Waggon zum größten Teil schnell entleerte. Die Türen blieben offen, was fatale Folgen hatte. Es fuhren zwar wieder Personenzüge, aber nicht in ausreichendem Umfang. Sie waren meist überfüllt. So fuhren diese Züge unter anderen mit Hamsterern vollbesetzt, mit auf den Trittbrettern stehenden, sich an den Türgriffen festhaltenden Fahrgästen. Wenn nun solche Züge den Kohlenzügen mit den offen gebliebenen, auf und zu pendelnden Türen begegneten, rakten diese Türen die Trittbrettfahrer in großer Zahl von den Trittbrettern herunter. Es gab schlimme Unfälle mit Toten und Verletzten. Es gab auch sehr originelle Möglichkeiten der Beschaffung des „schwarzen Goldes". So hatte sich zunächst in „kleinem Kreise" herumgesprochen, dass ab Uelzen vorgesehene Züge für Personenverkehr nach Hamburg nicht fuhren und stattdessen regelmäßig nachfolgende Güterzüge zum Mitfahren freigegeben wurden. Diese führten u.a. neben leeren bzw. halb beladenen offenen Waggons auch solche mit Kohle beladenen mit. Das war die Gelegenheit also nach Uelzen zu fahren - die Fahrpreise waren niedrig - und dort die Rückfahrt auf einem Kohlenwaggon zu machen und sich unterwegs zu bedienen. Man musste sich dabei allerdings während der Rückfahrt warm halten, um dann rechtzeitig vor oder am Hauptbahnhof mit Gepäck und Glück schnell und noch nicht steifgefroren „auszusteigen".

Die Bahn drückte solange beide Augen zu, bis zu viele von dieser Gelegenheit Gebrauch machten. Dann wurde im Bahnhof Uelzen häufiger per Lautsprecher verkündet, dass man sich freue, für die „Fahrgäste" geschlossene Güterwagen mit Sitzbänken bereitstellen zu können und nur diese unter Kontrolle zur Mitfahrt benutzt werden durften. Die Enttäuschung war groß und der „Reisetag" verloren, so dass diese „Quelle" uninteressant wurde. Diese und ähnliche Gelegenheiten konnten natürlich vorwiegend nur wahrgenommen werden, während des Winters 1946/47, wo die Betriebe nach der Betriebsruhe über Weihnachten und Neujahr die Arbeit wegen Energiemangels bis März 1947 nicht wieder aufnehmen konnten und so jeder tagsüber Zeit hatte. Ein weiterer Geheimtipp waren die Kohleversorgungsstellen für Lokomotiven, wenn deren Vorrat verbraucht, d.h. sie leer waren. Sie waren dann nicht bewacht, und ausreichend Reste waren dann immer noch vorhanden. Wenig überlaufen war diesbezüglich die Anlage Wilhelmsburg. Der Anmarschweg war lang und mit Last beladen der Rückweg noch „länger" und anstrengend. Aber man konnte bei Abfahrt Hauptbahnhof kurz nach 4.00 Uhr noch rechtzeitig zu Arbeitsbeginn am Arbeitsplatz sein. Die vielfältigen ausgespähten, nicht immer ungefährlichen und strapaziösen Möglichkeiten, auf die im normalen Leben niemand achtet, zeugen davon, welche Not herrschte. In der Zeit spielte sich in den meisten Haushalten das Familienleben in einem Raum ab, nämlich in der mittels Kochgelegenheit geheizten Küche. Die anderen Räume waren eiskalt, die einfach verglasten Fensterscheiben dick hoch gefroren. Im Backofen wurden

Mauersteine tagsüber angewärmt. Sie wurden abends in Papier gewickelt und zum Anwärmen der eiskalten Betten benutzt. Begeisterung brach aus, wenn für unseren Block eine Kokszuteilung angeliefert wurde und die Zentralheizung einige Tage lief.

Ende der gröbsten Nachkriegszeit

Ein jeder hatte es satt, seine Zeit tagein, tagaus damit zu verbringen, der Ergatterung der einfachsten Dinge hinterher zu jagen und trotz Gebrauchs illegaler Maßnahmen dies doch nicht in der erforderlichen Weise zu schaffen. Die Währungsreform im Juni 1948 setzte alldem ein wirkungsvolles Ende und auch der gröbsten Nachkriegszeit. Für uns allerdings war diese Zeit erst wirklich etwas später zu Ende. Es stand dann nämlich ein völlig ausgezehrter, kahl geschorener Mann in einem dürftigen Militärmantel mit Kochgeschirr am Band umgehängt und mit Fußlappen an den Füßen vor der Tür. Es war unser Vater. Er kam aus russischer Gefangenschaft zurück. Entlassen als nicht mehr arbeitsfähig. Es war nicht so, dass er beim Übertritt in die Westzonen Deutschlands im Durchgangslager Friedland z.B. kein Schuhwerk angeboten bekommen hätte; die Füße waren diesem entwöhnt und vor allem bei dem Entkräftungsgrad zu schwer. Er kam aus einem Teil eines Lagerkomplexes auf der Krim, der ab Mai 1944 mit 7000 Männern und 50 Frauen belegt war. Dieser Lagerkomplex hatte eigene Gefangenenfriedhöfe mit 2000 bzw. 4500 Gräbern dort verstorbener Gefangener. Die Familie war mit viel Glück nach fast neun Jahren wieder zusammen.

Lebensverhältnisse

Aufgrund des großen Ausmaßes zerstörten Wohnraumes und anderen kriegsbedingten Situationen kam es in vielen Haushalten durch Aufnahme von Verwandten über Jahre zu sehr beengten Wohnverhältnissen. So waren wir beispielsweise inzwischen sieben Personen in unserer kleinen Zwei-Zimmer-Wohnung. Meine Großmutter mütterlicherseits, ausgebombt am Grindelberg, Harvestehude, und einer ihrer Söhne, mein Onkel, waren zu uns gezogen. Letzterer traf fast gleichzeitig mit meinem Vater ein. Er kam ebenfalls aus russischer Gefangenschaft. Sein körperlicher Zustand ähnelte dem meines Vaters: kaputt und ausgezehrt. Unser gerade am 20. Juni 1948 erhaltenes „Kopfgeld" in harter DM Währung und das Letzte, was wir noch zu versetzen hatten, sowie unserer aller Anstrengungen – meine Großmutter 70 Jahre alt, Schneidermeisterin, ging wieder arbeiten – alles war erforderlich, um beide über Monate gesundheitlich und von der Ernährung her „über die Runden zu bringen" und sie insgesamt wieder zu normalen Menschen zu machen. Mangels ausreichender Schlafstätten in der kleinen Wohnung schliefen wir in Schichten, weshalb mein Onkel nach leidlicher Wiederherstellung seiner Arbeitsfähigkeit glücklich war, eine Nachtschichtarbeit bekommen zu haben und so zur Lösung des Schlafstättenproblems beigetragen zu haben. Obwohl die Wirtschaft wieder anlief, waren intensive Bewerbungsanstrengungen erforderlich, um einen der Ausbildung entsprechenden Arbeitsplatz zu erhalten. Denn es suchten auch immer noch Kriegsrückkehrer mit der gleichen Fachausbildung konkurrierend nach geeigneten Stellungen. Somit gingen die meisten

„frischen" Absolventen zur Überbrückung dieser Zeit erst einmal „Stempeln" zum Arbeitsamt. Einmal wöchentlich zur festgesetzten Zeit musste man persönlich dort erscheinen und erhielt gegen einen Stempel auf der Meldekarte eine Unterstützung bar ausgezahlt. In meinem Falle zum Beispiel 8,54 DM pro Woche. Diese Unterstützung setzte erst nach Ablauf von 4 Wochen Arbeitslosigkeit ein. Zum Vergleich: Eine Tafel der gängigsten Schokolade (50 g, Marke „Cloetta") kostete 50 Pfennig. Andererseits konnte man bei disziplinierter Lebensweise und an Niedrigpreisen orientiert, mit dieser Unterstützung einfachste Tagesmahlzeiten bestreiten. Wohnkosten, Kleidung und alles andere war Familien-/Angehörigen – Angelegenheit. Trotz der bescheidenen Unterstützungsleistungen beschlich die meisten das unbehagliche Gefühl, anderen auf der Tasche liegen zu müssen. Denn jeder in Deutschland hatte zur Stunde „Null" im Juni 1948, nur ein Anfangsgeld von 40,- DM erhalten, und fast jeder, dem über die teuren Nachkriegs-/Schwarzmarktjahre von seinen früheren Ersparnissen noch etwas Geld verblieben war, hatte durch gesetzliche Geldabwertung auf weniger als 1/10 des ursprünglichen Wertes, meist auch nicht mehr, und praktisch hatten alle einen großen Nachholbedarf selbst an den einfachsten Sachen und dieser Bedarf war wegen der allgemein niedrigen Einkommen nach Jahren noch nicht gedeckt. Es war somit ein großes Bestreben zu beobachten, auf „Biegen oder Brechen", d.h. auch zunächst gegen Unterbezahlung in Arbeit zu kommen, oder auch vorübergehend eine ausbildungsfremde Tätigkeit auszuüben. Dieser in der Bevölkerung eindeutig auch ganz allgemein wahrzunehmende Wille war sicherlich ein Baustein zu dem stetigen, rasanten Aufschwung in den Folgejahren.

Inzwischen war auch der Wohnungsbau mehr und mehr in Gang gekommen. Zuerst erhielten die Leute Wohnungen, die in Notunterkünften, wie zum allergrößten Teil in den primitiven Wellblech-Nissenhütten lebten und dann die weiteren Bedürftigen nach einem Punktsystem. Mit der Zeit entstand parallel ein freier Markt für Neubauwohnungen. Zu ihrer Anmietung musste ein meist verlorener, günstigstenfalls ein mit geringer jährlicher Tilgung (2 %) rückzahlbarer Baukostenzuschuss von mehreren Tausend Mark bezahlt werden, und dennoch waren viele Bewerbungen erforderlich, um eine solche Wohnung zu erhalten. - Übrigens, an unverheiratete Paare durfte nicht vermietet werden. Dem Vermieter musste ein gültiger „Eheschein" vorgelegt werden. Bei Zuwiderhandlung hätte er sich einem Strafverfahren wegen „Kuppelei" ausgesetzt. – Der Baukostenzuschuss war eine Finanzierungspraxis zur Förderung des beschleunigten Wiederaufbaus, die fast bis 1970 geübt wurde, als sich dann Angebot und Nachfrage die Waage hielt, d.h. der Umfang des zerstörten Wohnungsbestands durch Neubauten als Folge einer enormen Wiederaufbauarbeit fast ausgeglichen worden war.

Bild- und Anlagenteil

Kapitel I

- Luftwaffenhelfer-Personalausweis und Erkennungsmarke
- Das Himmelfahrtskommando. Stationierung beim 3. Geschütz der 7. le. Flak-Abt. 762 auf Brückenbögen der Süderelbe- Eisenbahnbrücke
- Gefechtsstände 2.und 3. Geschütz aus Feindessicht aus 6000-7000 m Höhe – „Wie auf dem Präsentierteller"
- Gefechtsstand mit Wohnunterkunft. Aufbau und Befestigung auf den Brückenbögen
- 3. Geschütz mit Bedienungsmannschaft
- Ablösung der „alten" Luftwaffenhelfer durch die jüngere Generation – 3 Fotos
- 2cm Vierlingsgeschütz am (Autobahn-) „Zubringer" mit LWH- Bedienungspersonal
- Angriff vom 20. Juni 1944 – (aus der falschen Richtung von Osten her fallende Bomben in Richtung „Brücke")
- Fast getroffen- Angriff vom 25.Oktober 1944 (Einschlagtrichter größerer Bomben weiß und schwarz markiert, geringster Abstand zur Brücke ca. 5m)
- Nachkriegsfoto: Immer noch erkennbare, d. h. noch nicht wieder zugewachsene bzw. noch nicht beseitigte Bombeneinschläge im Umfeld der Brücke- weiß u. schwarz markiert
- Süderelbbrücke war immer Angriffsziel. Instandsetzungsarbeiten, 2 Fotos
- Glück gehabt

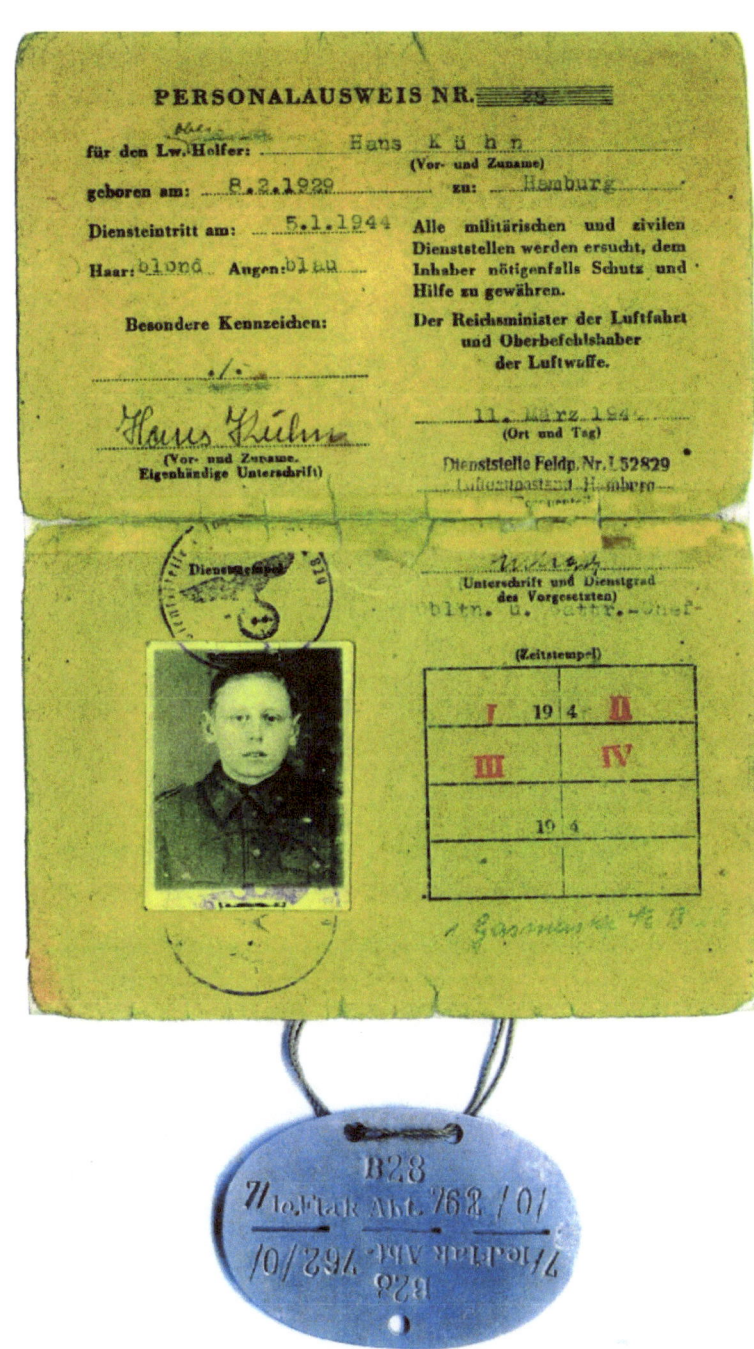

**Luftwaffenhelfer - Personalausweis Nr. 28 mit
Alter und Diensteintritt sowie Erkennungsmarke**

Gefechtsstände 2. und 3. Geschütz aus Feindessicht
aus 6000 – 7000 m Höhe – „Wie auf dem Präsentierteller"

Gefechtsstand mit Wohnunterkunft, Aufbau und
Befestigung auf den Brückenbögen

3. Geschütz mit Bedienungsmannschaft

Ablösung der alten Luftwaffenhelfer X durch die jüngere Generation O

Ablösung der alten Luftwaffenhelfer X
durch die jüngere Generation O

Ablösung der alten Luftwaffenhelfer X
durch die jüngere Generation O

2cm Vierlingsgeschütz am „Zubringer mit LWH Bedienung und Geschützführer.

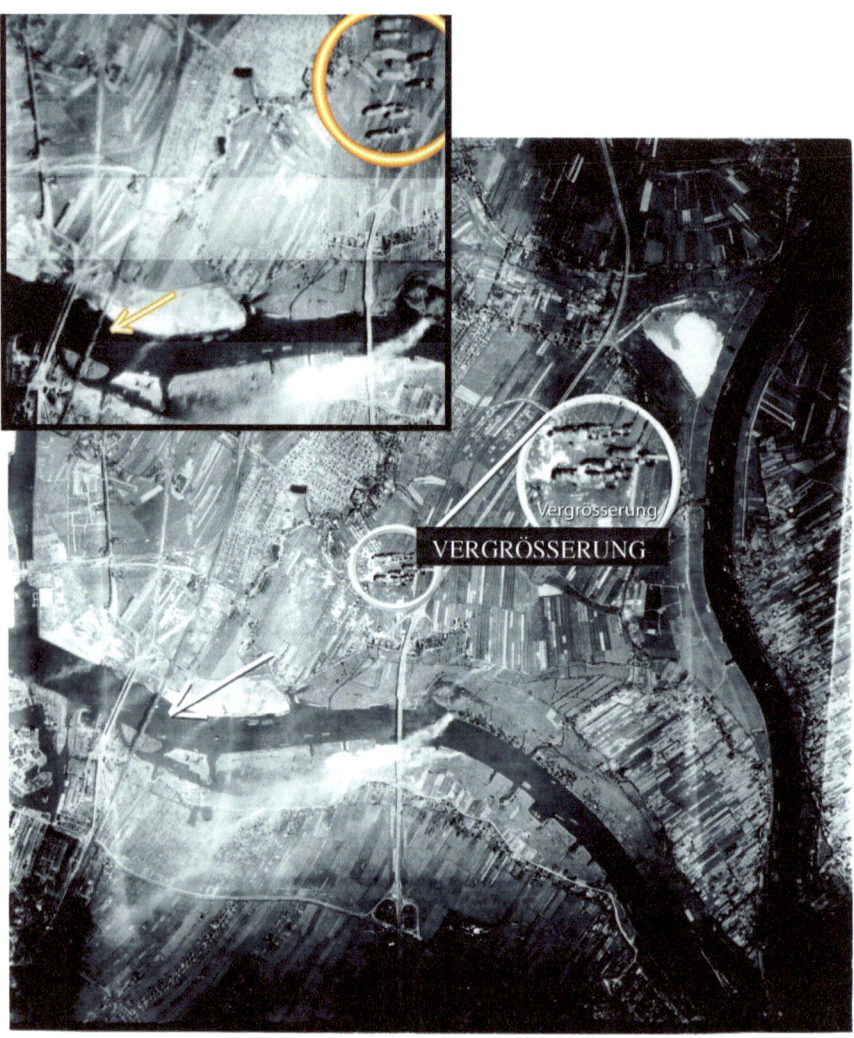

Angriff vom 20. Juni 1944 (aus der falschen Richtung vom Osten her) O = fallende Bomben in Richtung Brücke (Pfeil)

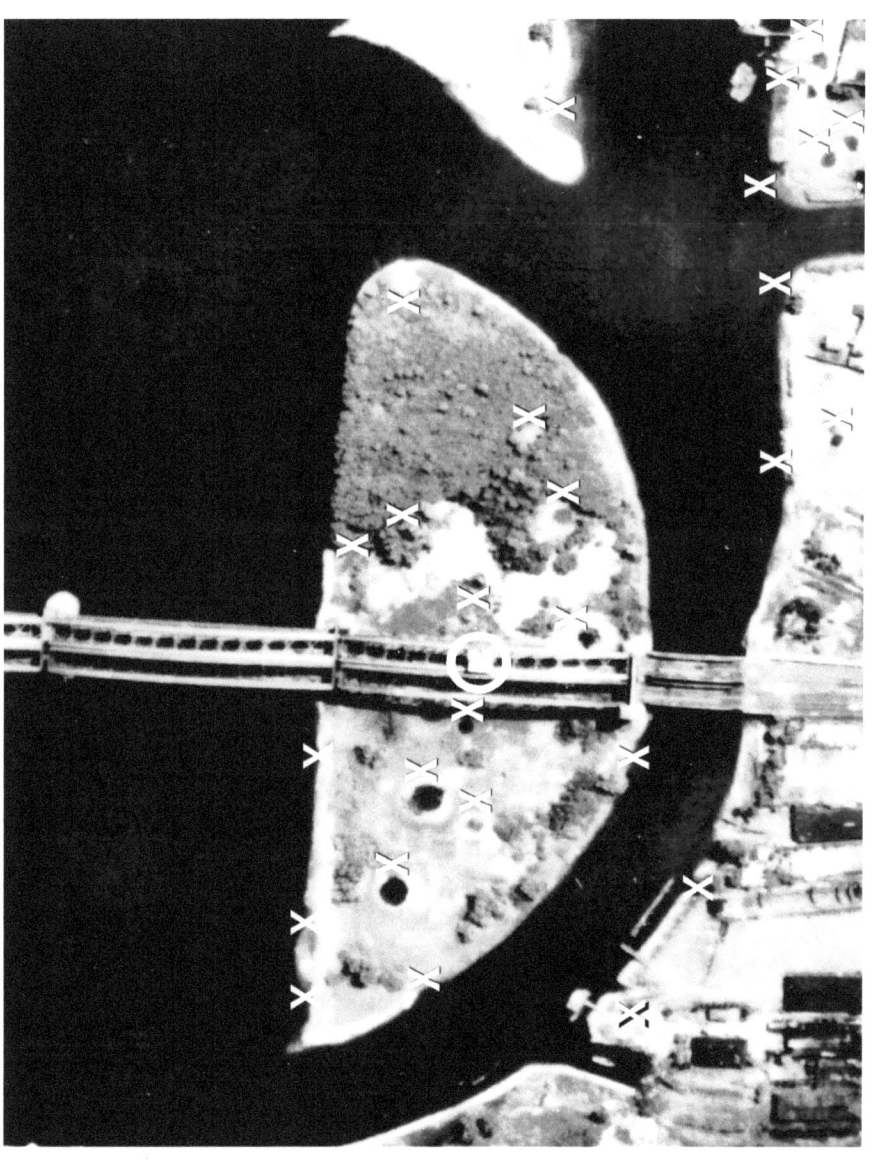

Fast getroffen- Angriff vom 25.Oktober 1944. Einschlagtrichter größerer Bomben weiß markiert, geringster Abstand ca. 5 m

Nachkriegsfoto: Immer noch erkennbare, d. h. noch nicht wieder zugewachsene bzw. noch nicht beseitigte Bombeneinschläge im Umfeld der Brücke - weiß bzw. schwarz markiert

Süderelbbrücke war immer Angriffsziel. Instandsetzungsarbeiten,

Süderelbbrücke war immer Angriffsziel. Instandsetzungsarbeiten,

Glück gehabt – März 1945 – Loch in der Aktentasche, die nach vorn über der Schulter gehangen hatte und in den Büchern darin auch. Ein Granatsplitter war in der ebenfalls darin befindlichen Stahlblech-Kartoffelreibe steckengeblieben

Nordufer Süderelbe – Autobahnbrücke mit Geschützstand (Kreis)
„und wieder einmal unversehrt davon gekommen"
Angriff vom Karfreitag, 31. März 1945 - Bombeneinschlagtrichter

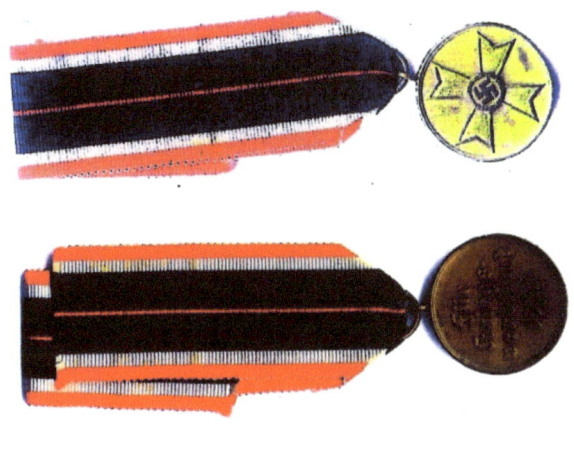

Der Orden 20.04.45

Verleihungsurkunde und Orden

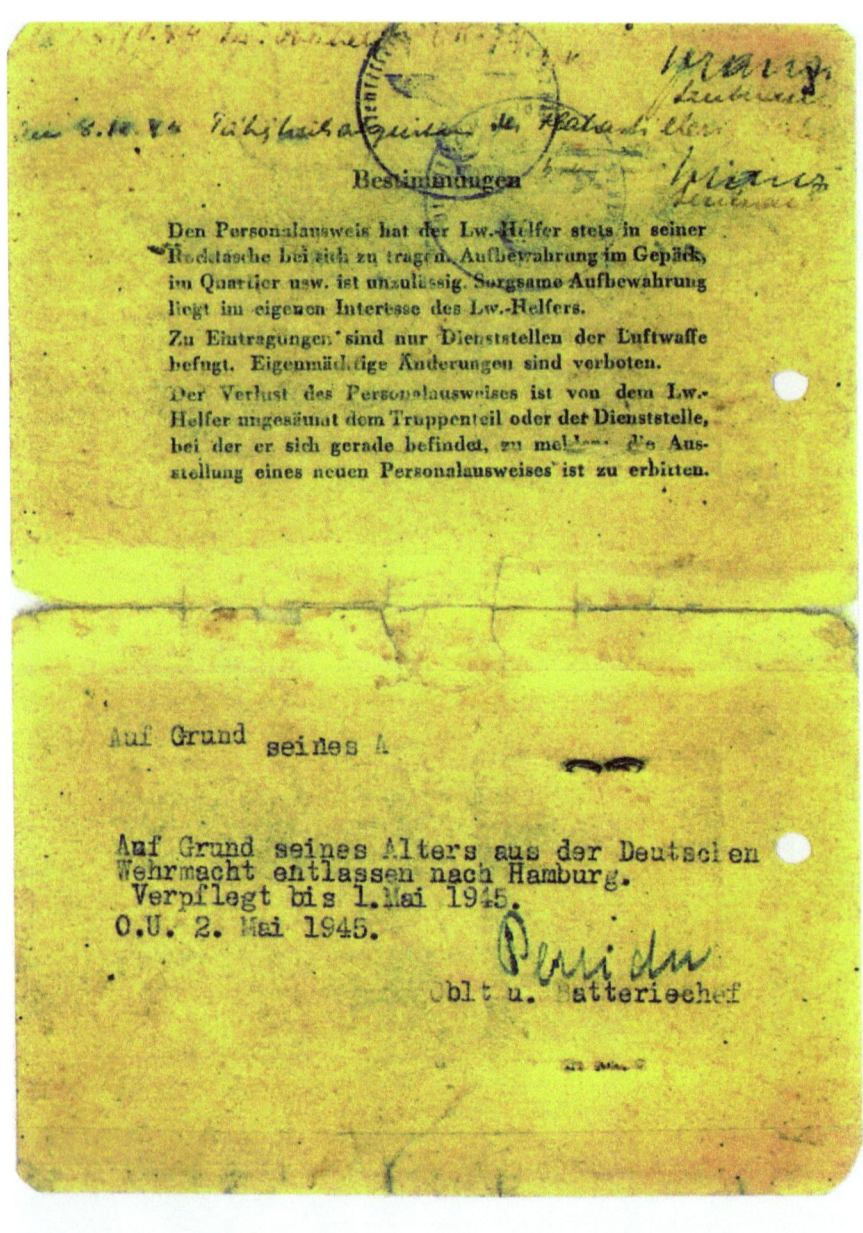

Rückseite des Personalausweises mit
Entlassungsbestätigung vom 2. Mai 1945

Polizeiliche Anmeldung vom 03. Mai auf dem 21. Polizeirevier am Tag des Kriegsendes in Hamburg.

**Nach der Ausbildung
Dienstantritt am 3. Geschütz
Februar 1944 – gerade 15 Jahre alt**

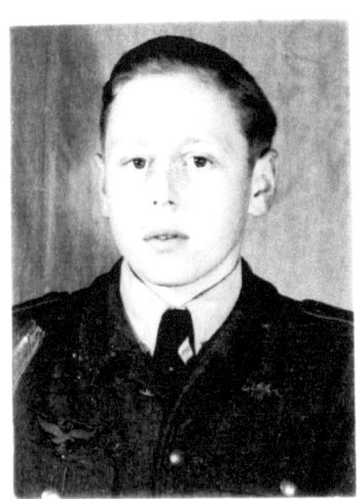

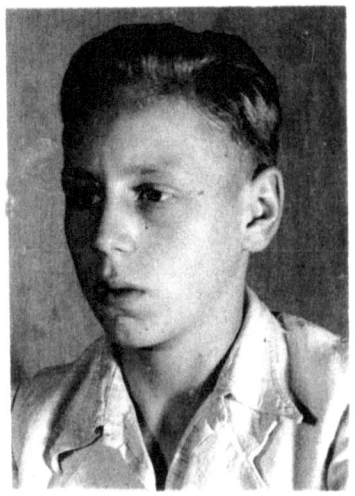

**Noch in Uniform
Feburar 1945**

**Als „Veteran" in Zivil
Juni1945**

16 Jahre alt

Diplomatischen Gepflogenheiten entsprechend, trug dann Stabsarzt Burchard sein Anliegen in deutscher Sprache vor; Leutnant von Laun übersetzte ins Englische und Captain Lindsay antwortete auf Deutsch. Direktor Schäfer legte die Pläne der Phoenix-Werke mit den Einzeichnungen der als Lazarett genutzten Gebäudeteile vor und versicherte, daß in den Phoenix-Werken keine kriegswichtige Produktion mehr stattfände. Anhand anderer Pläne erläuterten die Parlamentäre die gefährdete Lage des in unmittelbarer Nähe des Bahnhofes gelegenen Ortslazaretts und baten eindringlich um die Einstellung des Artilleriefeuers auf das Harburger Bahnhofsviertel. Captain Lindsay zeigte sofort Verständnis und sicherte zu, für die Weiterleitung der Pläne und entsprechender Befehle an die zuständigen Stellen von Artillerie und Luftwaffe zu sorgen, damit das Ortslazarett in Zukunft von Artilleriebeschuß und Angriffen aus der Luft verschont bliebe.²⁸ Als einzige Gegenleistung forderte Lindsay die Entfernung von zwei Flaktürmen, die zur Sicherung der Elbbrücken aufgestellt worden waren. Obwohl keinen der drei Parlamentäre die Existenz dieser Flaktürme bekannt war, akzeptierten sie diese Forderung und sagten die Entfernung derselben zu.²⁹ Nachdem die Verhandlungen um das Ortslazarett in so unerwartet kurzer Zeit zu Ende gegangen waren, hatten die deutschen Parlamentäre ihren Auftrag erfüllt. Sie erwarteten nun, zu den eigenen Linien zurückgeleitet zu werden.

Statt dessen wurden sie erneut von englischen Soldaten bewirtet, damit sie sich von den Anstrengungen des Tages erholen konnten.³⁰ Captain Lindsay nahm die Gelegenheit wahr, sich für die Mitnahme der Briefe der englischen Kriegsgefangenen zu

---

28 Aussage Otto von Laun gegenüber dem Verfasser; Brief Otto von Laun an Kurt Detlev Möller vom 08.04.1947; Burchard, Erlebnisbericht über die Parlamentäraktion im April 1945, S. 2; Möller, Das letzte Kapitel, S. 117 f; Phoenix Rundschau Nr. 2/1970, S. 25; Verg, Hamburg 1945, S. 67.
29 Aussage Otto von Laun gegenüber dem Verfasser.
30 Aussage Otto von Laun gegenüber dem Verfasser.

revanchieren und bot seinerseits an, Briefe für die deutschen Parlamentäre weiterzuleiten. Stabsarzt Burchard setzte daraufhin einen Brief an das seinem Befehl unterstehende Ausweichkrankenhaus in Wintermoor (nördlich Schneverdingen) auf, zu dem er durch den Frontverlauf jeden Kontakt verloren hatte. Schäfer schrieb an seine Frau, die mit ihren Kindern auf einem Bauernhof unweit von Hanstedt untergebracht war. Lindsay sorgte dafür, daß beide Briefe noch am selben Tag durch Kradmelder den Empfängern zugeleitet wurden.³¹

In einem unbeobachteten Augenblick ergriff Captain Lindsay die Gelegenheit, Leutnant von Laun mit der Bemerkung beiseite zu nehmen, er habe aus dessen Soldbuch und militärischen Ausweispapieren ersehen, daß der Leutnant unter den drei Parlamentären der einzige Angehörige des Stabes des Kampfkommandanten sei. Aus diesem Grunde wolle er mit ihm die Frage erörtern, ob es nicht vernünftiger sei, wenn Hamburg kampflos und mit allen militärischen Ehren kapitulieren und an die 7th Armoured Division übergeben würde. Er habe daher im Auftrage seines Divisionskommandeurs, Major General Lyne, an ihn, den Offizier im Stabe des Kampfkommandanten, die Frage zu richten, ob Generalmajor Wolz seiner Meinung nach einer Aufforderung zur Kapitulation nachkommen würde, um seinen Soldaten und der Zivilbevölkerung sinnlose personelle und materielle Verluste zu ersparen. Auf seine Frage, was in dieser Situation konkret unter einer Kapitulation mit allen militärischen Ehren zu verstehen sei, erhielt von Laun die Antwort, die Kapitulation könne nach vorhergegangenem Artilleriebeschuß erfolgen, so daß dem Kampfkommandanten keine Schmach aus seiner Handlungsweise erwachsen würde. Der deutsche Leutnant, der erst seit wenigen Tagen im Stab des Kampfkommandanten Dienst tat, befand sich in einer schwierigen Situation. Er gab zu verstehen, daß er über die Einstellung des Kampfkommandanten nichts wisse, da er bis zu diesem Zeitpunkt kaum

---

31 Burchard, Erlebnisbericht über die Parlamentäraktion im April 1945; Phoenix Rundschau Nr. 2/1970, S. 26.

Seite 88 aus den Europäischen Hochschulschriften bezüglich der Verhandlungen zur Übergabe Hamburgs.

Bild und Anlagenteil

Kapitel II

- Auszug aus dem Lehrvertrag

- Die „Ausleseprüfung"

- Meldekarte des Arbeitsamtes Hamburg

- Die „Stempelkarte

Handelskammer Hamburg

Lehrvertrag
für
gewerbliche Lehrlinge
in
Industrie- oder Nichthandwerksbetrieben

Nachstehender Vertrag wird anerkannt. — Der Lehrling ist in die Lehrlingsrolle der Handelskammer eingetragen am .1947

§ 4. Erziehungsbeihilfe.

Der Lehrbetrieb gewährt dem Lehrling eine an den üblichen Lohnungstagen zu zahlende Erziehungsbeihilfe von monatlich

RM _____ im ersten Lehrjahr, RM 55 im dritten Lehrjahr,
RM _____ im zweiten Lehrjahr, RM 65 im vierten Lehrjahr,

soweit nicht eine Tarifordnung oder Betriebsordnung günstigere Bestimmungen für den Lehrling enthält. Für den Berufsschulbesuch wird ein Abzug von der Erziehungsbeihilfe nicht vorgenommen.

Für die Beiträge zur Sozialversicherung (Krankenversicherung, Invalidenversicherung, Reichsstock für den Arbeitseinsatz), für etwaige Leistungen freiwilliger Art sowie für die Fortzahlung der Erziehungsbeihilfe in Krankheitsfällen gelten die gesetzlichen Bestimmungen oder die für den Gewerbezweig erlassenen Tarifordnungen.

Der Lehrherr darf nur für vorsätzlich oder grob fahrlässig durch den Lehrling verursachte Schäden wegen einer Gegenforderung aufrechnen oder ein Zurückbehaltungsrecht ausüben.

§ 6. Urlaub.

Der Lehrherr gewährt, soweit eine Tarifordnung nicht günstigere Bestimmungen für den Lehrling enthält, dem Lehrling Urlaub:

im ersten Lehrjahr von _____ Arbeitstagen, im dritten Lehrjahr von _____ Arbeitstagen,
im zweiten Lehrjahr von _____ Arbeitstagen, im vierten Lehrjahr von _____ Arbeitstagen.

Der Urlaub ist nach Möglichkeit zusammenhängend zu gewähren. Während des Urlaubs wird die Erziehungsbeihilfe weitergezahlt. Soweit der Lehrling vom Lehrherrn Kost und Unterkunft gewährt wird, erhält der Lehrling während des Urlaubs die von dem zuständigen Oberversicherungsamt festgesetzten Abgeltungsbeträge. Die Vergütung und die Abgeltungssätze sind bei Beginn des Urlaubs für die gesamte Urlaubszeit im voraus zu zahlen. Im übrigen gilt die Vorschrift des § 21 des Jugendschutzgesetzes.

§ 7. Änderung und Auflösung des Lehrvertrages. 12

Eine Abkürzung der Lehrzeit durch Vereinbarung bedarf zu ihrer Wirksamkeit der Zustimmung der Handelskammer, bei der Lehrvertrag in die Lehrlingsrolle eingetragen ist.

Wird das Lehrverhältnis durch Verschulden des Lehrlings oder des Lehrherrn vorzeitig aufgelöst, so ist der Nichtschuldige berechtigt, von dem anderen Schadenersatz zu verlangen. Die Entschädigung beträgt:

im ersten Lehrjahr 50.— RM; im dritten Lehrjahr 150.— RM;
im zweiten Lehrjahr 100.— RM; im vierten Lehrjahr 150.— RM;

Sie ist in dieser Höhe mit der tatsächlichen Auflösung des Lehrverhältnisses fällig. Die Geltendmachung eines weiteren Schadens ist nicht ausgeschlossen.

Der Anspruch auf Entschädigung erlischt, wenn er nicht innerhalb von vier Wochen von der Auflösung des Lehrverhältnisses ab im Wege der Klage oder der Einrede geltend gemacht wird.

Auszug aus dem Lehrvertrag
betreffend Erziehungsbeihilfe
Urlaub- und Entschädigungszahlung

INGENIEURSCHULE HAMBURG

Bescheinigung

Herr *Hans Kühn*
geb. am *8.2.29* in *Hamburg*
hat am *8.2.48* die **Ausleseprüfung**
für die Aufnahme in eine Ingenieurschule bestanden.

Hamburg, den *26.2.48*

Direktor

J. 2085. Johs. Tiedemann EP 425 Hamburg 161-1050=5.47-A

Die „Ausleseprüfung"

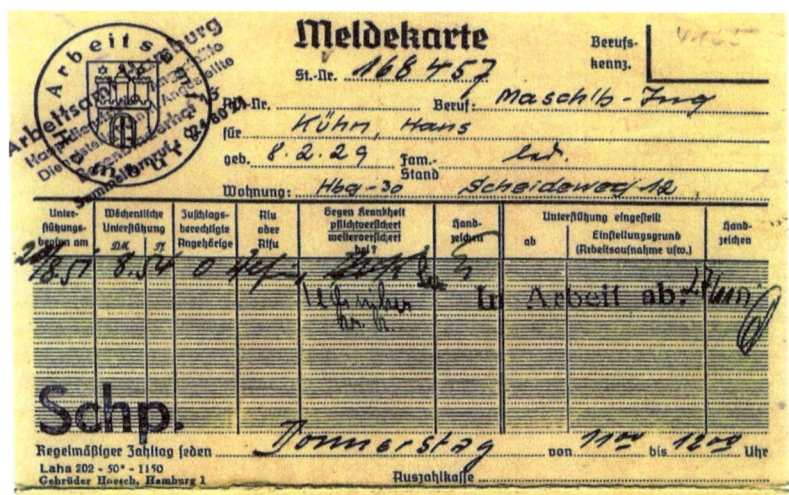

Meldekarte des Arbeitsamtes Hamburg 1951
mit Festsetzung von Datum und Zeit
zum Empfang der Unterstützung
in Höhe von 8,54 DM pro Woche

Die „Stempelkarte"
berechtigte nur nach persönlicher und wöchentlicher
Vorlage abgestempelt zum Unterstützungsempfang

www.ingramcontent.com/pod-product-compliance
Lightning Source LLC
Chambersburg PA
CBHW040458240426
43665CB00039B/77